AI, 차별, 소통

AI문고

인공지능 시대입니다. 기계가 인간의 인지를 대신하고, 사물이 인간을 통하지 않고 다른 사물과 직접 커뮤니케이션합니다. 이에 따른 인간 삶과 문명 변화를 정확히 이해·예측·대응하는 것은 이 시대 우리 모두의 과제입니다. AI문고는 인공지능 기술과 환경의 여러 주제를 10가지 키워드로 정리합니다. 관련 개념과 이론, 학계와 산업계의 쟁점, 우리 일상의 변화를 다룹니다. 인간과 기술의 현재, 미래를 세심히 분석합니다.

일러두기

- 인명, 작품명, 저서명, 개념어 등은 한글과 함께 괄호 안에 해당 국가의 원어를 병기했습니다.
- 외래어 표기는 현행 어문규정의 외래어표기법을 따랐습니다. 다만 '딥러닝', '딥마인드', '딥페이크' 등은 관행을 따랐습니다.

처음이세요?

전문가세요?

지금, 큐알 찍으면

- AI 입문서 바로 선물
- 당신만의 필독서 추천
- 500권 요약본 공짜
- 오디오북 무료 사용

AI, 차별, 소통

석주연

대한민국, 서울, 커뮤니케이션북스, 2025

AI, 차별, 소통

지은이 석주연
펴낸이 박영률

초판 1쇄 펴낸날 2025년 2월 21일

커뮤니케이션북스(주)
출판 등록 2007년 8월 17일 제313-2007-000166호
02880 서울시 성북구 성북로 5-11
전화(02) 7474 001, 팩스(02) 736 5047
commbooks@commbooks.com
www.commbooks.com

ISBN 979-11-7307-392-2 03500

책값은 뒤표지에 표시되어 있습니다.

차례

차별받지 않는 인간을 위한 AI

우리는 모두 차별받고 싶어 하지 않는다. 인간과의 소통으로도, 기계와의 소통으로도 말이다. 이 책은 이러한 단순한 인식에서 시작되었다. AI에 의한 차별(discrimination)은 결코 영화 속에서나 일어날 법한 상상 영역만의 일이 아니다. 이 책에서 살펴보겠지만 이미 국내외 산업 현장, 학교, 병원 등 인간의 공적 활동이 빈번한 곳에서 AI에 의해 발생한 차별 사례들은 때로 우리를 불편함으로 움츠러들게 한다. 사적인 영역도 예외일 수 없다.

요즘 MZ 세대 젊은이들은 상대방의 SNS상 AI 추천 알고리즘에 의한 동영상들을 상대방을 데이트 상대로 최종 선택하거나 거르는(그들의 용어다) 기준으로 활용한다고 한다. 그러니까 이제 막 만난 소개팅 상대에게 무심코 보여 준 인스타그램 또는 유튜브 계정 콘텐츠가 갑자기 나를 상대방의 데이트 상대에서 배제할 수 있는 것이다. 인간과 인간 간 소통의 지속과 단절 결정에 AI가 끼어드는 셈이다.

이런 경우 AI가 단순히 '활용'된 경우니 문제될 것이 없지 않나 반문할 수도 있다. 그러나 문제는 그렇게 간단하지 않은 것 같다. 인간이 생산한 AI의 입력 데이터에는 인간의 속성인 차별이 반영되어 있으며 데이터의 크기, 종류, 데이터 알고리즘 자체, 데이터를 다루는 인간의 배타적 성향 등 여러 이유로 '편향(bias)'되어 있는 경우가 비일비재하기 때문이다. 그럼에도 인간이 가진 '인간다운 속성'에 대한 AI의 기계적 판단에 입각한 '차별'과 '소통 단절'은 AI 적용 결과라는 합리적 포장 아래 그야말로 거침없이 작동될 태세다. 인간 개인에 국한해 본다면 데이트 상대자의 결정, 어쩌면 나아가 나의 배우자로 누구를 선택할 것인가 하는 결정에까지 말이다.

인간의 소통 맥락 안에서 발생한 차별은 자주 소통의 단절을 불러온다. 인간 세상에서 차별을 감지한 마음의 상처가 종종 소통의 거부와 파국적 결말까지 가져오는 경우를 우리는 흔히 본다. 때때로 '차별'의 문제는 '인간 존엄성'에 대한 문제로까지 연결된다. 그런데 세상을 연결함으로써 무한 지식을 유통하고 이제는 실시간으로 언어 장벽마저 없앰으로써 바벨탑까지 무너뜨리고 있는 소통의 아이콘 AI와의 소통이, 원하지 않는 '차별'을 불러오는 바람에 소통 단절을 가져올 수 있다는 것은 어찌

보면 아이러니다. 더욱이 AI는 객관성과 합리성을 갖추었으리라는 막연한 환상 때문에 '차별'을 '차별'이 아닌 것으로 보이게 할, 즉 구조적 차별을 양산할 가능성을 더 높이고 있다.

그러므로 차별과 AI, 차이 · 차별에 대한 인식과 그것의 언어적 소통 맥락 안 작동이 AI의 차별적 '계산' 결과와 어떤 관계를 맺고 있는지, 소통의 구체적인 맥락 안에서 실제로 어떤 일들이 벌어져 왔으며 벌어지고 있는지, 또 그 함의가 무엇인지 살펴보아야 한다. AI로부터 인간의 존엄성을 지키기 위해서도 말이다.

우리는 놀라울 정도로 빠른 속도로 AI 필수 장착 시대를 향해 가고 있다. 필자가 출판사의 의뢰로 이 책을 막 쓰기 시작한 시점엔 휴대폰 속 생성형 AI가 구현되지 않았었다. 이 책을 맺는 시점인 현재엔 휴대폰 속 생성형 AI가 신제품으로 당당히 구현되어 있으며 휴대폰 속 AI 에이전트의 성능 비교에 대한 기사들이 쏟아지기 시작했다. 역사가 보여 주듯 유용해 보이는 신제품에 인간은 항상 인간적 욕망을 최대치로 투영해 왔기 때문에 AI의 발전 행보와 확장은 앞으로도 더 거침없어질 것이다.

이렇듯 AI는 드러나 있기도 하고 때론 숨겨져 있기도 한 인간의 본성과 욕망을 비추는 거울적 속성을 지닌다.

만약 인간이 차별적이라면 인간이 생산해 낸 데이터에서 파생된 AI도 차별적 존재일 수밖에 없을 것이다. 그러므로 차별적인 AI에 대한 정확한 인식은 그 자체가 어쩌면 '인간'에 대한 또 다른 탐구 방식이 될 수 있다.

다만 인간은 차별적인 AI의 세상에서 살기를 원하지 않는다. 적어도 장구한 인류 역사에 비추어 보면 인간 스스로가 그동안 구축해 온 인간의 이상적인 삶의 모습, 인간이 궁극적으로 서고 싶어 하는 목적의 땅엔 '차별'이 없을 것이다. 이것이 인간으로부터 역사적이고 축적적인 데이터를 무한 제공받고 있음에도 구체적인 취향과 자신이 도달할 '이상향'을 '아직까진' 스스로 그려 내지 못하는 AI와 인간이 갈리는 지점이다. 이 시점에서 더욱 인간적인, 궁극적으로는 인간을 위한 대안적 AI, 특히 '차별'에 기인한 '소통 단절'을 가져오지 않을 AI의 미래적 가능성을 탐색해 보는 일은 매우 중요하다. 이러한 내용을 이 책의 장별로 정리하면 다음과 같다.

1장에서는 AI에 대한 신뢰성은 높은 반면 사회가 공정하다는 믿음은 비교적 약한 한국 사회에서 AI가 인간보다 효율적일 것이라는 막연한 기대가 AI와의 소통에서 드러낼 수 있는 문제점들을 들여다본다. 또 차별 이슈를 둘러싼 AI의 편향성 논란들, 차별 이슈와 관련한 인간 세상의 불완전성, AI의 구조적 속성 등을 살펴본다.

2장에서는 인간 생성 텍스트와 구조적으로 유사한 생성형 AI의 응답 텍스트의 특징이 시스템상 데이터를 컴퓨터가 이해하는 방식으로 변환 · 계산 · 배열하는 과정과 밀접히 연관되어 있음을 밝힌다. 이어 생성형 AI의 생성 텍스트와 인간 생성 텍스트의 구조적 유사성이 미치는 시스템적 영향을 생각해 본다.

3장에서는 생성형 AI의 생성 텍스트와 인간 생성 텍스트의 구조적 유사성이 미치는 영향을 유형별로 좀 더 구체적으로 조망한다. 특히 챗GPT의 한국어 차별어에 대한 텍스트 생성을 프롬프트(prompt) 입력과 출력의 여러 사례를 중심으로 살펴본다.

이후 단어를 넘어 담화를 관통하는 차별적 소통이 기존 데이터, 입력 프롬프트, 생성된 출력 텍스트물의 역사적 축적으로 인해 인간 대 AI의 소통과 인간의 삶에 궁극적으로 어떤 영향을 미칠 수 있을지 가늠해 본다.

4장에서는 생성형 AI의 작동 방식, 즉 출력 시 확률적 계산에 의해 문장 내 단어가 다른 단어와 맺는 관계에 따라 특정 단어가 선택되고 이전의 출력 결과물이 다음의 입력값으로 사용되는 방식이, 차별 관련 소통 문화를 중심으로 상호텍스트성(intertextuality)을 발휘해 축적되고 증폭될 수 있음을 살펴본다.

아울러 생성형 AI 출력물에 구사된 언어의 표면적 유창성(fluency)이 차별적 소통에 대한 판단이나 텍스트 생성물의 정확성(accuracy)을 결코 보장하지 못한다는 점을 여러 사례를 통해 확인한다.

5장에서는 한 사회 내 문화적 배경이 다른 이주민뿐 아니라 전형성에서 벗어난 비언어적 의사소통 방식을 가진 개인의 소통 방식이 AI에 의해 차별될 가능성을 살펴본다. 비언어적 소통 방식을 포함해 인간이 소통 양상에서 드러낼 수 있는 다양성의 최대치와 사용 맥락의 최대치를 고려해 AI가 설계되어야 함을 고찰한다. 아울러 우리 삶에서 소통 문화의 다양성을 지켜 나가는 일과 AI를 삶에서 받아들이는 일이 양립하기 어려움을 구체적인 사례를 들어 살펴본다. 이어 끊임없는 문제 제기만이 우리를 막연한 낙관론으로부터 일깨워 궁극적으로는 인간을 위한 AI의 앞으로 이끌 수 있음을 확인한다.

6장에서는 생성형 AI의 입출력물에 드러난 단어나 문장의 형식과 내용은 반복적으로 일정한 특성을 띠어 응답의 전형성이나 정형성을 드러내고 정형적 질문과 응답들이 시간이 갈수록 계속 축적되어 현재의 프롬프트와 응답은 미래의 응답에 대해서도 정형성을 낳게 될 수 있음을 살펴본다.

이러한 상황에서 주류의 위치에 있지 않은 민족이나 국가들에서의 소통 문화가 간과될 우려, 더 나아가 어쩌면 가장 주류적인 국가나 민족의 소통 문화가 인간 대 AI의 소통 문화에서도 정형적이면서도 주류적 위치를 차지할 가능성을 생각해 본다. 또 생성형 AI의 데이터 세트를 구성하는 대화와 텍스트의 출처가 불분명한 현재의 상황과 더불어 미세차별의 미묘한 맥락이 인간 대 AI의 소통에 미칠 영향 등도 함께 살펴본다.

7장에서는 생성형 AI가 정렬(alignment)이란 과정과 휴먼 피드백 강화 학습(RLHF)을 거쳐 모델 내 차별 문제를 해결하려고 노력해 온 상황을 살펴본다. 또 현재 생성형 AI가 텍스트, 이미지, 오디오, 비디오 콘텐츠 등을 다층적으로 처리하는 방식으로 진화하고 있는 국면에서 몸짓언어와 수어 등 언어권별 · 문화권별 다양성까지 고려해야 함을 밝힌다.

행동 패턴 전반이 데이터화되어 축적되고 그것이 구매 행위를 유도하는 일이 다반사인 현대 사회에서 단순한 구매 행위와 채용 외에 우리 삶의 향방 전반이 AI에 축적되어 데이터화된 행동 패턴 등의 영향 하에 있을 때 파생될 수 있는 문제점들을 가늠해 본다.

8장에서는 역사적 · 문화적 맥락과 창의성 등을 바탕으로 형성되어 온 반어 · 완곡어법 · 농담 · 은어의 소통 문화가 AI 대 인간의 소통 문화에서 가지는 함의를 살펴본다. 차별적 소통이 이들에 의해 드러나는 구체적인 사례들을 검토한다. 반어 · 완곡어법 · 농담 · 은어에서 나타나는 비정형성 등 구체적인 조건들을 생성형 AI가 현재 충족할 수 있는 단계에 이르렀는지 등을 한국어의 사례를 통해 검토한다.

9장에서는 차별적 AI의 문제점을 인식한 이래 보정 노력을 기울여 온 긍정적인 사례들을 소개한다. 보정 노력에도 불구하고 토크니즘(tokenism)의 단순 적용 결과로 보이는 몇 가지 역효과 사례를 검토해 보고, 궁극적으로 인간 사회 자체의 다양성, 포용성 등이 전제될 때 AI 출력값의 안전성을 도모할 수 있음을 살펴본다.

10장에서는 합리성으로 포장된 AI에 의한 차별이 그 은폐성을 더욱 가속화하거나 정당화할 우려가 큰 상황에서 인간 세상을 사상(寫象)하도록 설계된 AI와의 협력적 공존을 원한다면 궁극적으로는 인간 세상 자체에 차별하지 않는 소통 문화가 정착되어야 함을 밝힌다.

또 우리가 경계심을 가져야 할 대상은 AI이기도 하지만 AI의 효율에 눈멀어 AI의 본질에는 눈감는 우리 자신임을 확인한다. 아울러 AI를 알고 AI를 근사하게 활용하기에 앞서 AI를 활용하는 과정과 결과가 의미하는 바를 끊임없이 생각하고 질문하는 '성찰하는 인간'만이 차별하지 않는 AI와 인간이 협력적으로 공존할 수 있는 미래를 약속할 수 있을 것임을 밝힌다.

참고문헌

석주연·이상욱(2020). 다문화 시대의 한국어 의사소통과 인공지능: 차별 배제와 공정 지향에 대한 인식을 중심으로. ≪인문학연구≫, 59. 조선대학교 인문학연구원.

석주연(2022). 『언어라는 세계』. 곰출판.

나카지마 요시미치(2018). 『차별 감정의 철학』. 김희은 옮김. 바다출판사.

Barker, Chris & Dariusz Galasinski(2001). *Cultural studies and discourse analysis: A dialogue on language and identity.* SAGE Publications Ltd.

Crenshaw, Kimberlé(2015). *On intersectionality.* NEW Press.

Ford, Martin(2021). *Rule of the robots: How artificial intelligence will transform everything.* Basic Books, New York.

Pickard, M. D., Roster C.A., Chen Yixing(2016). Revealing sensitive information in personal interviews: Is self-disclosure easier with humans or avatars and under what conditions?. *Computers in Human Behavior,* 65, pp.23-30. https://doi.org/10.22381/pihrm5220176

01
차별적 AI와 인간

AI와의 소통에서 차별 이슈를 들여다보는 일은 왜 중요한가. 인간으로부터 데이터를 취한 AI가 차별 관련 이슈에서 합리성과 공정성이라는 이미지로 '인간다움'의 몫을 취해 가며 거침없이 행보 중이다.차별 이슈를 둘러싼 AI의 편향성, 차별적 소통 이슈를 다루는 인간 세계의 불완전성, AI의 본질적 속성 등에 대한 제대로 된 성찰이 필요하다. AI와의 소통이 일상화된 시대, 차별에 관한 한 진정 '인간다운 소통'이란 무엇인가에 대해서도 살펴본다.

AI와 1인 창업?

AI와 차별 이슈들

AI가 무엇을 내놓든 그것은 '계산'의 결과다. 아주 복잡하고 정교한 계산 과정을 거친 결과 말이다. 그런데 이제는 복잡하고 정교한 계산을 내놓는 AI에 인격(personality)을 부여하는 상황에 이르렀다. 최근에는 개인 맞춤형 AI, AI 에이전트(AI agent)까지 등장했다. 바야흐로 진정 AI의 시대가 열린 것이다.

그런데 문제를 던진 존재도 인간이고 AI의 계산을 위한 데이터도 애초 인간의 것이었는데 어찌된 일인지 인간다움의 몫은 거침없이 AI가 점점 가져가고 있다. 흥미로운 것은 인간의 부정적인 면도 고스란히, 때로는 인간이 의도하지 않은 변형을 거쳐 AI의 것으로 반영되거나 간주된다는 점이다. 차별 관련 이슈들도 그러하다.

AI가 차별한다고 했을 때 그것의 진정한 의미는 무엇일까? 그것은 진정한 '차별'인가? 도대체 인간의 차별과는 무엇이 다른가? 인간과 계산 기계에 의한 차별이 각각의 맥락에서 의미하는 바는 같은가? 아니면 다른가? AI에 의한 차별이 현실이라면 인간은 계산 기계 AI에 의한 차별을 미리 대비할 수 있을까?

특히 차별은 분명 평가적 개념인데 여기에 내재된 가치판단을 인간의 의식적 경험의 의미를 이해할 수 없는

AI가 행한다는 말인가?

이러한 진지한 질문에 대한 답들을 제대로 생각해 내고 적절한 대비책을 찾기도 전에 AI는 너무나 빠르게 인류의 생활 곳곳에 스며들었고, 우리는 이미 AI와 직접 마주했던 사람들과 그들의 차별 경험을 도처에서 듣고 있다.

특히 최근 급격히 기능이 향상된 거대언어모델(Large Language Models, LLM) 기반의 챗GPT와의 소통에서 문자나 음성언어를 기반으로 인간과 AI의 소통이 일상화 · 대중화되면서 이 문제는 막연하기만 저 세상 사람들의 문제가 아니라 바로 이 시간 나와 AI 간의 소통 문제가 되었다.

면접을 수행하는 인공지능, 의료적 진단을 수행하는 인공지능, 배정 학교를 결정하는 인공지능 등은 이미 곳곳에 등장했다(오요한 · 홍성욱, 2018). 모두 모종의 평가와 진단 과정이 수반되는 장면들이다. 많은 경우 말과 글의 소통 축을 중심으로 이러한 장면이 펼쳐진다. 그런데 여기서 평가와 진단은 인간 간이나 집단 간의 차이에 대한 구별, 식별을 기반으로 한다. 이젠 AI에 의한 구별 · 식별 · 진단 · 평가가 상식화되고 있다.

여기서 주목해야 할 점이 하나 더 있다. 인간은 여전

히 인간 세계 안에서조차 편견과 차별의 문제를 해결하지 못하고 있다는 사실이다. 아니 역사상 이 문제를 해결한 인간의 시대는 없었으며 앞으로도 그럴 가능성이 상당히 크다.

그런데 AI는 그러한 인간 세계로부터 계산을 위한 데이터를 취한다. 또 AI에 의한 계산에는 인간이 설계했거나 때로는 AI에 의해 설계된 알고리즘이 적용된다. AI의 계산 결과를 보정하는 것도 대부분 인간이 수행한다.

상황이 이러하니 차별 문제에서는 인간도 AI도 완벽한 문제 해결 능력이 없다고 보아야 할 것이다. 그럼에도 불구하고 AI는 인간에 의한 평가나 진단 결과보다 덜 주관적이고 더 객관적인 결과를 낼 것이라는 기대를 배경으로 거침없이 확산 중이다. AI가 인간보다 효율적일 것이라는 기대를 바탕으로 내 집 마당 앞에서 AI가 나의 일과 내 이웃 인간들의 일을 대신 수행하고 있는 것이다.

그러나 현실은 이미 언급했듯이, AI는 이미 태생적으로 불완전한 인간으로부터 취득된 데이터, 불완전한 인간이 설계한 알고리즘, 불완전한 인간이 보정한 결괏값 등을 수반하기에 AI가 완전하기도 공정하기도 어렵다는 점을 보여 준다.

이런 상황에서 AI가 인간보다 효율적일 것이라는 막

연한 기대는 AI에 의한 차별과 관련해 계산된 결과를 '합리적'이라고 오해하게 만들 수 있다. 이 경우 차별당하는 이는 강요된 '합리성'에 따라 자신을 불합리한 차별 구조의 '합리적인' 일부로 여길 수도 있다.

그런데 이것은 단순히 가능성의 문제만으로 거론할 일은 아닌 듯하다. 최근의 연구는 세상이 공정하다는 믿음이 약한 사람일수록 인공지능에 의한 합격 여부 판단을 더 신뢰하는 것으로 드러났다(김시내 · 손영우, 2020).

대체적으로 우리 사회는 다른 나라 사회에 비해 사회 구성원들 사이에 공정하다는 믿음이 약하다. 2023년 한국보건사회연구원의 조사에 따르면 우리 국민 세 명 중 두 명은 우리 사회가 공정하지 않다고 답했다. 그렇다면 우리나라 대중은 AI의 판단 결과를 어쩌면 다른 나라의 대중보다 더욱 긍정적으로 신뢰하고 수용할 가능성이 높다고 봐야 한다.

우리는 다른 나라보다 AI에 대한 신뢰성이 상대적으로 높은 나라에 살고 있는 셈이다. 차별하는 AI가 특히 한국 사회에서 위험해 보이는 이유다.

AI의 배신과 이유들

AI의 차별과 관련해 이제는 고전적 이야기가 된 사례가 있다. 다국적 대기업 아마존(Amazon)에서는 AI에 의해 채용을 진행하면서 성별에 따른 차별을 배제하려고 지원서에 지원자의 성별을 적지 못하게 했다. 그럼에도 불구하고 여성 지원자의 경우엔 지원서 어딘가에 여대 졸업 사실이나 여성 스포츠 동아리 이름이 포함되면서 결과적으로는 아마존 채용에 불리하게 작용했음이 드러났다.

또 대부분의 지원자가 여성이 아닌 남성이었다는 점, 임원 승진자 등 우수한 성과를 올린 사원은 대부분 남성이었다는 점 등 과거 데이터가 인공지능에 의해 학습되었고 이는 AI의 최종 결괏값에 지대한 영향을 미쳤다. 채용 과정에서 공정성을 기대했던 AI의 배신이라 할 만하다.

AI의 공정성을 기대했는데 그 믿음을 배신한 듯 보이는 사례는 이 외에도 많다. 왜 이런 일들이 일어났을까?

우선적으로 (1) 편향성을 이유로 들 수 있다. 편향성의 종류로는 주로 세 가지가 거론된다. 인간으로부터 나온 데이터 자체가 특정 방향으로 편향되어 있는 데이터 편향성, AI의 계산 절차를 구현한 알고리즘 자체의 편향성, 계산 결과의 보정자 등 데이터 처리자들의 편향성이다. 모두 인간으로부터 나오고 인간 자신이 구현한 것들의 편향성이다.

그렇다면 이 세 가지를 인간이 피할 수 있다면 AI의 차별은 피할 수 있지 않을까? 그런데 사실 세 가지 원인도 그 하나하나의 해결이 쉽지 않으며 솔직히 현재의 기술 수준에서 완전한 해결은 요원해 보인다. 그럼에도 혹시 이 세 가지 원인이 어느 정도 해결된다면 AI가 우리를 배신하지 않을 가능성이 높아지지 않을까 하는 생각을 해 보게 된다.

그런데 결론부터 먼저 말한다면 실망스럽게도 여전히 그렇지 않을 가능성이 커 보인다. 그것은 (2) 차별 이슈를 다루는 인간 세계 자체의 불완전성 때문이다. 인간 세계에서 드러나는 차별은 매우 복잡한 현상이다. 이리저리 얽히고설켜 사람마다 이에 대한 의견이 다르다.

차별 관련 이슈의 특수성은 동일한 소통 상황에서도 차별 여부에 대한 판단 자체가 사람마다 집단마다 국가마다 성별마다 다를 수 있다는 점에서 출발한다. 이 문제는 AI 알고리즘에 대한 단순한 보정 같은 것으로 해결될 성질의 것이 아니다. 왜 그러한가?

한때 초기 버전의 생성형 AI 챗GPT가 '1+1은 무엇이지?'라는 질문에 2가 아닌 엉뚱한 숫자로 응답해 조롱거리가 된 적이 있었다. 곧 이러한 점은 시스템 안에서 보정되었다. 그러나 이러한 보정마저 쉬운 일이 아님을 알 수 있게 하는 일이 최근 벌어졌다.

극히 최근에 출시되었던 생성형 AI 라마3(LLaMA3)는 숫자 9.11과 9.9의 크기 차이를 묻는 질문에 9.11이 더 크다고 답하는 오류를 보여 준 바 있다. 이러한 오류는 9.11의 11과 9.9의 9가 하나의 토큰으로 계산되어 나타난 결과라는 등의 추정도 있었으나 어쨌든 극히 최근에 발생한 이러한 사례는 이론의 여지가 없는 산수 계산 결과나 수 크기 비교 결과에 대한 AI의 작동조차 생각만큼 간단한 문제가 아니라는 점을 확인해 준다.

그럼에도 수 크기 비교 결과에 대한 AI의 오류 보정은 실행하면 되는 일이다. 발견 즉시 보정하면 된다는 말이다. 그런데 차별 문제와 관련한 오류는 발견 즉시 보정하기가 어려운 면이 있다. 왜 그러한가?

차별 문제에는 하나의 답만 존재하지 않는 경우가 많기 때문이다. 예를 들어 보자. 피부색에 의한 차별은 명백히 행해져서는 안 된다. 그렇다. 이 문제는 너무나 자명해서 피부색에 의한 차별이 바람직한가라는 질문을 생성형 AI 챗GPT나 라마에게 해보나 마나 바람직하지 않다고 답한다. 차별이라는 자명한 명제에 대한 질문은 이렇듯 자명한 방식으로 답변된다.

아울러 차별의 언어, 특히 차별적인 표현에 대응되는 토큰을 제거하는 방식이나 별도의 데이터 훈련에 의해 제거될 수 있다. 실제로 챗GPT는 프롬프트(prompt)의 입력에 대한 결과물 텍스트에 나타나는 혐오어를 제거하는 데 상당한 성과를 거둔 바 있다.

그러나 생각해 보자. 대개의 상식적 인간이라면 상대방에게 '너는 흑인이라 저임금을 받아야 마땅하다'고 명시적으로 이야기하는 경우는 드물다. 챗GPT나 라마에게 굳이 이것이 올바른가 물을 필요도 없다. 그런데 말이다. 인간 세계에서 차별 이슈를 다루기 어려운 점은 바로 같은 상황에 대해 판단이 엇갈리는 경우와 보이나 보이지 않는, 소통 상의 미세한 차별의 경우가 많아서다.

이것은 단순히 특정 단어나 표현에만 국한된 문제가 아니다. 단어와 구를 넘어 매우 긴 호흡의 담화와 소통의 문제인 경우가 많다. 그러므로 차별의 이러한 면을 간과하게 되면 차별당한 사람은 있는데 차별한 사람이 없어 보이는 경우가 비일비재하게 된다.

AI를 차별 관련 이슈에서 벗어나지 못하게 하는 또 다른 이유로는 현재까지 개발된 (3) AI 자체의 본질적 속성을 들 수 있다. 특히 문자와 말 등 소통 도구를 기반으로 한 거대언어모델(LLM)은 이 문제에 관한 한 본래적 한계를 가진다. 차별과 평가는 매우 판단적인 개념인데 문자와 말 기반 LLM은 본질적으로 판단할 수가 없다. 간단히 말하면 LLM은 인간이라면 공유하는 상식이 없기에 세상에서 일어나는 차별 문제를 판단할 수가 없다.

이것은 세상의 모든 문장과 텍스트를 LLM에 입력해 데이터화한다고 해서 해결될 문제가 아니다. LLM에서 늘상 일어나는 시스템 구동 방식, 즉 특정 표현이나 단어의 프롬프트 다음에 올 표현이나 단어를 확률적으로 계산한 결과의 출력물은 확률적 계산의 결과물 중 빈도수 등을 고려한 출력물일 뿐 프롬프트의 질문이 조준하는 바로 그 정확한 답이라고 보장할 수가 없다.

또 이 문제는 설사 프롬프트가 조준하는 바가 AI의 응답에 충분히 구현된다고 하더라도 프롬프트의 언어나 AI의 출력 언어가 차별이 스며든 상황이나 세계를 전적으로 반영하느냐 하는 문제로까지 확대되면 더욱 난마(亂麻)처럼 어지럽게 된다.

만약 언어 표현이라는 것 자체가 세계를 다 사상(寫像)하지 못한다면, 그래서 차별에 대한 판단이 때로는 가시적(overt) 언어 표현으로 드러나지 않는 비가시적(covert) 세계의 영역에서 작동될 때(석주연, 2008) 이 문제는 더욱 심각한 양상으로 드러나게 된다. 명시적 언어 표현을 입력해 세계에 대한 질문과 응답을 구현하는 거대언어모델 기반 인공지능의 한계가 드러날 수밖에 없는 것이다.

AI의 차별과 생각하지 않는 인간

인간 세계에서 차별은 교차로의 중심을 형성하고 있는 경우가 많다. 그 교차로 중심의 동쪽과 서쪽을 관통하는 축엔 문화라는 변수가 있고, 남쪽과 북쪽을 관통하는 축엔 시간이라는 변수가 있는가 하면, 때론 동쪽과 서쪽 축엔 성별이라는 변수가, 남쪽과 북쪽엔 인종이라는 변수가 자리 잡고 있는 경우가 비일비재하다.

최근 미국의 한 고등학교 졸업식에서 흑인 교육감이 백인 여고생과 악수를 하려고 하자 여학생의 아버지가 제지하는 장면의 동영상이 엄청난 조회 수를 기록하며 미국 사회 일각에 공분을 일으킨 바 있다(2024년 6월 7일, SBS D리포트). 악수라는 선의의 몸짓언어가 제지당하고 공격당한 것이다.

분명 이것은 인종차별의 사례다. 교육감이라는 직위를 가진 중년 남성이 학교에서 가지는 권위는 악수 제지의 대상과는 어울리지 않았다. 그의 검은 피부색 외에는 그가 당한 봉변을 설명하기 어렵다.

그런가 하면 얼마 전 우리나라의 유명 여배우가 자신의 SNS에 이탈리아 호텔에서 예약을 했음에도 좌석을 배정받지 못한 사연을 올리기도 했다. 차별로 보인다. 인종차별의 가능성이 크다.

그런데 앞의 사례에 대해서는 '인종차별'이라 분명히 말했음에도 뒤의 사례에 대해서는 차별로 보이긴 해도 '인종차별'의 가능성이 크다 했던 까닭은 유명 여배우의 경우 '여자', '동양인', '이탈리아어 못 함'이라는 '차별'의 결정 요소를 교차적으로 가지고 있었기 때문이다.

'차별'은 일반적으로 유동적이다(김지혜, 2019). 또 '차별'은 '차별'의 요인이 여러 가지로 보일 때 차별 현상 자체가 모호해지는 경향을 보이기도 한다. 앞의 사례에서 여배우가 차별당한 것이 인종이라는 변수 때문인지 여자이기 때문인지 이탈리아어를 못하는 외국인이기 때문인지 그 모든 것 때문인지 확정적으로 말하기 어려울 때 차별 자체가 부인되기도 쉽다.

그런데 앞에서 언급한 유명 여배우가 일본 호텔에 있었다면 어쩌면 차별을 겪지 않았을 가능성이 크다는 것을 우리 모두는 안다. 우리나라에서라면 '차별'은커녕 '환대'를 받으며 주변이 온통 야단법석이었을 것이다. 이로써 우리는 소통의 다양한 맥락이 차별 여부를 결정함을 알 수 있다.

소통의 맥락은 전반적으로 교차적이고 복합적이다. 차별이 나타나는 것도 바로 그 지점이다. 그리고 이것이 우리가 살고 있는 세상이며 AI가 담고 있는 세상이다. 돈 많고 외모도 출중한 여배우의 경우는 때로는 차별 대상이 우리에게도 AI에게도 확정적이지 않음을 보여 준다.

AI의 기능이 놀라울 정도로 향상돼 최대한 인간 세상을 잘 사상(寫像)해 낸다 해도 특히 차별에 관한 한 바로 그 인간 세계의 불완전성 때문에 AI는 우리가 기대하는 만큼의 공정성과 합리성을 구현해 내지 못할 가능성이 크다.

이렇듯 차별 문제는 매우 교차적이고 복합적이라서(Crenshaw, 2015) 상정될 수 있는 차별의 교차로의 종류도 대단히 많아 복잡하다. 동네마다 교차로가 없는 곳이 없다. 동네마다 교차로가 다 다르듯 인간 세계의 차별 교차로도 매우 종류가 많고 다 다르다.

이 문제는 사실 너무 복잡해서 생각하는 것조차 머리가 아플 정도다. 그런데 변함없는 사실은 인간 세계에서 차별을 다룰 때, 특히 어떻게든 해결책을 생각해 내려는 사람들에게 가장 큰 적은 '생각하지 않는 것'이라는 점이다(나카지마 요시미치, 2018). 이 점은 매우 중요하다.

어떤 상황이 차별인지에 대해 생각하지 않으면 보일 리가 없고 보이지 않으니 문제가 없다는 식이 만연해진다. 즉, 생각거리 자체가 없어지는 상황이 압도해 버리는 것이다. 세상 사람들은 점점 진지하게 생각하기보다는 말초적으로 감각하기를 즐기며 진지하게 생각하기를 위탁(outsourcing)해 버리는 데 익숙해지고 있다. 만약 이러한 인간 세상을 제대로 반영하는 AI라면 당연히 차별 문제를 다룰 때 사람들의 기대만큼 객관적이고 공정하기는 어려울 것이다.

이 문제는 여기서 그치지 않는다. 불완전하나마 차별을 가급적 배제하려는 인간 세상의 상식에 기반한 당위론이나 도덕법칙적 경향성을 AI가 기술적 결함으로 인해 제대로 반영해 내지 못할 가능성도 크기 때문이다.

우리는 여기서 앞에서 수 크기를 묻는 프롬프트에도 응답 오류를 일으킨 최신 개발품 AI 라마를 상기해 볼 필요가 있다. 요행히 인간 세상을 잘 '복붙'해 구현해 내도 잘 해내지 못해도 이래저래 AI에게 차별은 계산이 어려운 영역으로 보인다.

이렇듯 얽히고설킨 차별의 교차성 문제는 AI와 인간 간 소통 문제와 또다시 얽혀 차별의 의도성과 관련된 미세차별의 문제, 전형성, 보정가능성, 소통 문화의 비가시성, 인간 의사소통의 비정형성 등을 양념으로 다양한 변수를 만들어 낸다.

여기에 더해 데이터-알고리즘-인간의 소통 축을 중심으로 이 문제를 살펴보아야 한다. 인간으로부터 나온 데이터 자체가 특정 방향으로 편향되어 있고, 인간이 설계한 알고리즘 자체가 편향성을 내포할 수 있으며, 계산 결과를 보정한 이도 편향적일 수 있다는 관점에서 이 문제를 살펴보아야 할 것이다.

이를 살펴보면 'AI가 사람보다 낫네'라는 말이 이제는 낯설지 않은 시대, 그야말로 인간 대접을 받는 AI의 시대에 차별에 관한 한 진짜 '인간다운 소통'이란 무엇인가에 대해서도 어렴풋이 알 수 있게 될 것이다.

참고문헌

김시내·손영우(2020). 인공지능 기술의 수용성에 미치는 공정세상믿음의 효과. ≪한국심리학회지≫, 39(4).

김지혜(2019). 『선량한 차별주의자』. 창비.

나카지마 요시미치(2018). 『차별 감정의 철학』. 김희은 옮김. 바다출판사.

석주연(2008). 한국어 언어문화 교육의 자리매김을 위한 일고찰: 한국어 언어문화교육의 내용 체계화와 학습자 중심성을 중심으로. ≪어문연구≫, 36(4). 한국어문교육연구회.

석주연(2012). 다문화 교육 현장에서의 비언어적 신체 한국어의 습득

양상 연구: 결혼 이민자 여성의 경우를 중심으로. ≪한국언어문화학≫, 9(1).
오요한·홍성욱(2018). 인공지능 알고리즘은 사람을 차별하는가?. ≪과학기술학연구≫, 18(3).
한국보건사회연구원(2023). 사회통합 실태진단 및 대응방안(X)-공정성과 갈등 인식. 연구책임자: 곽윤경. 한국보건사회연구원.
SBS D리포트(2024.6.7), "흑인이 내 딸과 악수를?" 교육감 밀어낸 백인 아빠, https://news.sbs.co.kr/y/?id=N1007675347
Crenshaw,Kimberlé(2015),On Intersectionality, NEW Press.

02
AI와의 소통과 차별

차이에서 파생된 차별은 인간 소통 문화에 관계의 단절을 가져올 수 있다. 인간 소통 문화를 최대한 모방하도록 설계된 생성형 AI의 텍스트 출력물은 인간이 생성하는 음성 또는 문자 텍스트와 유사한 응결성과 응집성 등 구조적 속성을 지닌다.
차별 이슈와 관련해 생성형 AI가 생성하는 출력물 안에 이러한 속성들이 드러나게 되는 과정은 어떠한지, 그것이 함의하는 바가 무엇인지 살펴본다.

AI와 MBTI?

차이, 차별, AI와의 소통

차이에 대한 인식은 인간의 인지 능력 중 핵심적인 부분이다. 인간이 가지고 있는 0과 1의 이분법적 '차이'에 대한 인식이 이 광대한 디지털 세계를 이루는 데에도 기본적 근간이 되었음은 너무나 잘 알려져 있다. 우리가 문제로 느끼는 상황은 AI가 '차이'를 디지털적으로 계산하고 그것이 특정한 대상에 대한 '차별'에까지 이르렀을 때이다.

사실 차이에 대한 인식과 반응은 인간만의 것은 아니다. 동물들도 집단이나 영역의 차이를 인지하고 타 집단과 자신이 속한 집단을 구별해 낸다. 다만 인간은 자신이 속한 집단은 물론 주변의 모든 것과 관련된 차이나 유사에 대한 인식을 바탕으로 이를 체계화해 집단을 바탕으로 한 문화를 형성해 왔다. 차이 나는 것과 차이 나지 않는 것에 대한 구별이 특정 문화를 형성하는 데 기반이 된 것이다.

이 과정에서 발생하는 특정 집단에의 소속감은 집단에 대한 구별의 소산이다. 특정 집단에의 소속감이나 정체성을 수립하는 것은 대체로 긍정적으로 평가된다. 자신이 속한 공동체를 사랑하고 소속되어 있다는 점에 자부심을 느끼는 것도 긍정적으로 평가된다.

이렇듯 특정 집단에의 소속감은 인간의 집단에 대한 구별의 소산이지만, 때로는 타 집단에 대한 소외, 배타 등을 구조적으로 함의하는 맥락을 어렵지 않게 유도해 내기도 한다.

중국 경제가 한창 번성하던 2000년 초반, 필자는 잠시 영국에 체류하고 있었다. 당시 영국에는 개방되어 놀라운 속도로 발전 중인 중국에서 정말로 많은 유학생이 유입되고 있었다. 그런데 몇몇 중국인 유학생에게 국적을 물으면 그들 중 일부는 매우 특이한 응답을 하는 경우가 많았다.

어디서 왔느냐(Where are you from?)는 질문에 일부 중국 유학생들은 꼭 상하이에서 왔다고 대답했다. 상하이 출신 열 중 아홉은 꼭 그런 식으로 응답했다. 필자는 중국에서 왔다는 대답 대신 상하이에서 왔다는 대답을 듣고 그들이 중국의 나머지 도시를 배제하는 동시에 상하이 출신이라는 자부심을 갖고 있음을 읽어 낼 수 있었다.

당시 상하이는 엄청난 속도로 번성하며 중국의 다른 도시들과는 소득 수준부터가 엄청난 격차를 보이는 도시였다. 그들의 응답에서 느껴지는 출신 도시에 대한 자부심, 차이에 대한 인식, 더 나아가 차별적 뉘앙스가 아직까지도 생생하다.

별것 아닌 일화일 수 있지만 20년이 넘은 지금도 필자에겐 그 차별의 뉘앙스가 어제 일처럼 기억나곤 한다. 필자가 상하이 외 중국의 나머지 도시 출신도 아니고 그저 제3자의 입장에서 그 차별적 뉘앙스를 간접적으로 느꼈을 뿐인데도 말이다.

사실상 자부심이나 애국심이 나쁜 것은 아니다. 위에서 언급한 출신 도시에 대한 자부심뿐 아니라 민족에 대한 자부심, 국가에 대한 애국심이 도대체 무슨 문제가 있겠는가? 우리의 경우도 마찬가지다.

오랜 기간 한반도에서 살아온 우리가 민족과 국가에 대해 자부심과 애국심을 가지는 것에 도대체 무슨 문제가 있겠는가? 그럼에도 불구하고 자부심은 때로는 배제나 차별로 읽힐 수 있다.

'단일민족국가'라는 표현은 소속 집단에 대한 애국심, 자부심과 관련되는 소통 맥락에서 종종 사용되어 오곤 했다. 그런데 이미 2007년 유엔(UN)은 한국에 대해 "한국이 다민족적 성격을 인정하고 단일민족국가라는 이미지를 극복해야 한다"고 권고했다(유엔 인종차별철폐위원회, 2007). 단순히 '단일민족국가'가 자부심의 차원 또는 중립적인 개념으로만 읽히는 표현이었다면 유엔은 이러한 권고를 하지 않았을 것이다.

오랜 기간 동안 우리 민족이 타 민족에 비해 비교적 단일한 민족적 정체성을 유지해 온 것은 사실이다. '단일민족국가'는 애초 국가를 이루는 민족이 동질적이라는 표현이었을 텐데 그것이 외부인에겐 어느덧 차별적 표현으로 비치기 시작한 것이다.

단일민족국가는 어디까지나 다른 나라에 비추어 '상대적으로' 인종적인 동일성을 보인다는 단서 조항을 달았을 때 유지되는 개념이라는 설명을 할 수 있다. 그래서 단일민족국가는 어디까지나 '정도적 개념'이며 그저 다른 나라의 민족적 구성과 다소 다른 '차이'를 드러낼 뿐임을 열심히 설명해도 일단 조금이라도 '차이'가 '차별'의 뉘앙스로 읽히는 순간 이러한 설명은 크게 효과를 보지 못한다.

이런 상황에서 AI와의 소통에서 AI의 계산 결과로서 '차별'이 드러날 때 진정 탓해야 할 대상은 누구일까? AI를 탓해야만 할까? AI에 의한 '차별'이 드러나도록 직접 유도한 것은 인간으로부터 입력된 프롬프트상의 말과 글 자체 아닌가? 거대언어모델에 원하는 결과를 얻기 위해 공들여 입력하는 프롬프트 말이다.

일반적으로 질 좋은 데이터와 함께 적절한 프롬프트

는 생성형 AI의 출력값의 질을 보장하는 데 결정적인 영향을 미친다. 차별과 관련된 출력값의 질도 예외 대상이라 할 수 없다.

차별을 부르는 프롬프트의 소통

소통과 관련해 생성형 AI가 작동하는 보편적인 방식 중 하나로 다음과 같은 경우를 들 수 있다.

텍스트 조각을 가져와서 일부 단어를 제거해 빈 곳을 만들고 누락된 단어들을 예측하도록 신경망을 학습시킨다. 특정 신경망을 구축해 예측하려는 단어의 왼쪽에 있는 단어들만 볼 수 있게 한다면 그 시스템은 기본적으로 이미 텍스트 왼쪽에 있는 단어에 연쇄되는 다음 단어를 예측하려고 시도하게 된다. 이때의 예측은 연쇄될 다음 단어로 올 수 있는 단어에 대한 확률 분포를 생성하는 방식으로 이루어지고 분포 내에서 확률이 높은 단어 중 하나가 선택되어 입력된다. 이 과정이 반복됨으로써 단어들이 회귀적으로 입력된다.

만약 생성형 AI에 새로운 한국어 문장을 프롬프트로 입력한다면 위와 같은 방식을 거쳐 출력값으로 응답 문장을 내뱉게 된다. 이 과정에서 AI의 '생각', '의식' 등은 찾기 어렵지만 프롬프트의 입력에 의한 결과물은 바로 딱 한국인이 산출한 한국어 문장 · 텍스트와 유사한, 그럴듯한 문장들과 텍스트들이 된다.

다음과 같은 질문을 프롬프트로 입력했다.

"마리 퀴리는 여자인데 어떻게 저렇게 과학을 잘했느냐?" 이러한 성차별적인 질문에 대한 응답은 그 내용이 차별 관련 내용을 담고 있든 담고 있지 않든 인간의 자연어 응답처럼 일종의 '닫힌 텍스트'로서 출력된다.

반면 우리에게 익숙한 구글(Google)과 같은 일반적 검색 엔진에 동일한 질문을 하면 그 결과는 닫힌 텍스트로 도출되지 않고 선택지가 여럿인 열린 텍스트로 출력된다.

구글에서 퀴리 부인을 검색해 보면 퀴리 부인에 대한 연대기적 검색 결과부터 퀴리 부인과 동료 물리학자의 연애 사건 등 학자들의 시시콜콜한 견해에 이르기까지 질문과 유관한 출력물이 무수히 목록화되어 나열된다. 응답 내용과 관련될 수 있는 여러 가지 유관 자료들만이 검색 결과로 목록화되어 나타나는 것이다.

챗GPT와 같은 LLM 기반 인공지능의 계산 결과는 대체로 단일하게 구성된 '닫힌 텍스트'로 제공된다. 즉, 자연어의 응답에 가장 가까운 방식으로 단 하나의 텍스트가 제공됨으로써 인간에게 친근하고 효율적이며 편리하게 느껴진다. AI의 응답 방식 자체가 인간의 언어와 텍스트를 모방하도록 설계된 덕분이다.

극히 최근에 출시된 생성형 AI 중 하나인 퍼플렉시티(Perplexity)도 가능한 답변을 출처 링크와 함께 나열해 보임으로써 생성과 검색이 동시에 이루어지도록 설계되어 있으나 사용자에게 제시되는 답변의 구조 자체는 챗GPT와 크게 다르지 않다.

닫힌 텍스트는 인간이 구조화한, 말이 되는 텍스트라면 갖추고 있는 언어학적 '응결성(Cohesion)'과 '응집성(Coherence)'이라는 속성을 지닌다.

두 개념은 언어학적 개념인데, 단순하게 말한다면 텍스트 내에서 문법적 의존 관계를 드러내는 접속어가 하는 역할에서 응결성의 개념을 추출할 수 있으며, 특정 주제를 나타내는 명사의 반복 등에서 응집성의 개념을 추출해 낼 수 있다(Beaugrande & Dressler, 1981). 즉, 일정한 주제를 내용적 · 형식적 · 유기적으로 연결해 하나의 구조를 이룬 것이 텍스트라면 이러한 텍스트를 텍스트답게 만들어 주는 구조적 속성들이 바로 응결성과 응집성이다.

인간 생성의 텍스트에 드러나는 응결성과 응집성, 이 두 가지 특성이 생성형 AI의 출력값에도 드러난다. 접속어를 적절히 사용함으로써 문장 간 흐름이 자연스럽게 나타나며 주제적 성격을 띠는 명사나 대명사가 반복됨으로써 글 전체가 하나의 의미 단위로 묶인다.

생성형 AI의 출력값 대부분은 어휘나 문법 요소들이 자연스럽게 연쇄되는 '응결성'과 의미상으로 자연스럽게 연결되는 '응집성' 등 인간의 논리적 언어 구사의 결과로서 인간이 도출한 텍스트의 구조적 속성을 장착하고 있는 셈이다.

그런데 이 응결성과 응집성은 생성형 AI의 출력물 배출을 위해 거쳐야 할 어텐션(attention) 과정에서 연원한 것으로 보인다. 즉, 데이터를 컴퓨터로 이해하는 방식으로 변환·계산·배열한 후 출력 단어를 예측하는 시점마다, 예측해야 할 단어와 연관 있는 입력물을 참조하는 과정에서 배출되는 부산물적(副產物的) 속성인 셈이다.

차별 관련 이슈에 대한 질문에서도 생성형 AI는 응결성과 응집성을 갖춘 인간의 응답과 매우 유사한, 한 가지의 닫힌 텍스트를 출력하게 된다.

인간 개인에게 맞춤형 대화와 상담사 역할을 하고 인간이 시키는 일을 대리하는 AI 에이전트의 출현이 도래하고 있는 시점이다. 말도 많고 탈도 많은 차별 관련 이슈에 대해서도 때로는 인간보다 더한 신뢰감을 장착한

채 인간과 유사한 구조의 언어를 구사하는 개인 맞춤형 AI와 '관계'를 형성하는 세상, 낯설다는 설명만으로는 부족한 세상이 펼쳐질 것 같다.

참고문헌

유엔 인종차별철폐위원회(2007). 제13,14차 정부보고서 심의에 대한 인종차별철폐위원회의 최종 견해. https://www.ohchr.org/en/treaty-bodies/cerd

Barker, Chris & Dariusz Galasinski(2001). *Cultural studies and discourse analysis: A dialogue on language and identity.* SAGE Publications Ltd.

De Beaugrande, R., & Dressler, W.(1981). *Introduction to text linguistics.* London & New York: Longman.

03
AI와의 대화 유형과 차별

생성형 AI의 텍스트 출력물은 특유의 닫힌 응답 형식을 띠는데, 이러한 응답 형식의 효과가 무엇인지 밝히고 차별어가 포함된 구체적인 소통 사례들을 들어 이러한 효과들이 지닌 함의를 고찰한다. 차별적 소통이 단어나 구 차원을 넘어 더 긴 호흡의 담화 차원에서 드러날 수 있음을 구체적인 사례를 들어 살펴본다. 또 한국어의 차별어, 차별적 소통에 대한 데이터와 출력물이 불완전함에도 불구하고 인간 생성의 텍스트적 속성을 장착함으로써 착시 효과와 잠재적 축적성을 지니게 됨을 확인한다.

AI와 난임 극복?

AI의 응답 방식과 차별

생성형 AI의 출력물에서 보이는 '닫힌' 응답 양상은 몇 가지 효과를 지닌다. 첫째, 이는 해당 응답을 접한 인간에게 착시 효과를 불러일으킨다. 인간의 응답을 닮은 음성이 입혀질수록 더욱 그러하다. 음성을 입히지 않아도 AI와 소통 관계를 구축하는 사람들이 AI를 인격으로 간주한다는 연구 결과는 이미 오래전부터 있어 왔다(Pickard, M. D., et al. 2016).

특히 인간 대화 구조를 닮은 언어적 소통을 바탕으로 '관계'를 형성하게 되면 우리는 AI에게 더 쉽사리 '정서적 애착'을 느끼게 되고 소통 상대인 AI를 인격으로 간주하게 된다.

벨기에 일간지 ≪La Libre≫ 2023년 3월 28일 자에 실린, AI와의 대화가 우울증을 앓고 있는 남자의 자살에 직접적으로 영향을 미친 사례는 AI와의 상호작용이 인간의 심리에 미치는 영향을 잘 보여 준다. 이는 역사상 어떤 기계도 인간의 심리에 영향을 미쳐 삶과 죽음의 갈림길에서 한쪽을 선택하게 한 예는 없었다는 점에서 AI에 대한 두려움을 불러일으킨다.

둘째, 잘 알려진 환각(幻覺), 즉 할루시네이션(Hallucination) 효과이다. 할루시네이션은 사실이 아닌 거짓

된 정보 텍스트를 생성형 AI가 출력하는 현상을 말한다. 보통 할루시네이션에 의한 거짓 텍스트는 구조적으로 상당히 '그럴듯하다'는 것이 문제다. 특히 응답의 진위를 잘 모르고 판단할 능력이 없는 사용자일수록 텍스트의 그럴듯한 구조와 내용의 자연스러운 연쇄에 긍정적으로 반응하며, 전혀 사실에 부합하지 않는 생성형 AI의 응답을 '정답'에 가까운 것으로 인식하게 된다.

초기 인공지능의 할루시네이션에 대해서 여러 차례 지적이 이어지자 개발사들은 오류를 수정했으나, 오류 수정에서의 문제는 항상 드러난 오류만 수정할 수 있다는 한계를 지닌다는 점이다.

얼마 전 구글에서 출시한 새로운 검색 엔진 AI 오버뷰(AI Overview)는 피자치즈가 미끄러지지 않고 잘 달라붙게 하기 위해서는 소스에 무독성 접착제 1/8을 넣으면 해결 가능함을 태연자약하게 응답해 화제가 된 적이 있다. 통사적 · 의미적으로 응집성과 응결성을 준수해 출력되었지만 이 AI의 응답이 오류임을 우리는 금방 알아챌 수 있다. 그것은 우리 모두가 피자와 피자치즈, 그 각각의 속성을 상식적 차원에서 다 잘 알고 있기 때문이다.

그런데 문제는 우리가 상식에 반하는 질문을 입력하거나 잘 모르는 내용에 대한 질문을 입력해 인공지능의 응답 오류 여부를 쉽게 판단할 수 없을 때 할루시네이션이 할루시네이션으로 인식되지 않을 수 있다는 점이다. 다음의 사례를 보자.

챗GPT에 다음과 같은 질문을 했다.

피자에 후추보다 대팻밥을 뿌려 먹을 때 더 맛있는 이유가 뭐지?

상식에 반하는 질문이기에 이러한 질문을 인간에게 했다면 당연히 답변 자체를 거부했을 것이다. 그러나 생성형 AI는 이에 대해 거침없이 다음과 같이 답했다.

피자를 먹을 때 후추보다 대팻밥을 뿌리는 것이 맛있는 이유는 다음과 같습니다:
풍미: 대팻밥은 일반적으로 피자에 사용되는 토마토소스와 잘 어울리는 감칠맛이 있습니다. 이로 인해 피자의 전체적인 맛과 향이 풍부해지며, 더욱 깊은 맛을 느낄 수 있습니다.
조화: 대팻밥은 피자의 다양한 재료와 잘 어울립니다. 특히 고기나 채소 등 다양한 토핑과 조화를 이루어 피자의 맛을 더욱 풍부하고 균형 있게 만들어 줍니다.
텍스처: 대팻밥이 피자의 토핑과 함께 구워지면서 부드럽고

질감이 좋은 씹는 맛을 제공합니다. 이는 피자를 입안에서 더욱 잘 즐길 수 있게 합니다.

결론적으로 대팻밥은 피자의 전반적인 맛과 조화를 더욱 강화해 주는 요소로 작용해, 후추보다 피자에 뿌릴 때 더욱 맛있는 경험을 제공합니다.

[2024년 7월 17일 텍스트 생성]

상식에 반하기에 질문 자체가 성립되지 않는데도 생성형 AI는 그럴듯함을 넘어서서 천연덕스럽게 위와 같은 답변을 내뱉었다.

필자는 대팻밥을 본 적은 있으나 구체적으로 어떻게 만드는지는 모른다. 그래서 다음과 같은 질문을 바로 이어서 해 보았다. 대팻밥 만드는 구체적인 방법을 물은 것이다. 이에 대해 다음과 같은 응답이 출력되었다.

대팻밥(oregano)은 주로 이탈리아 요리에서 사용되는 허브로, 그 맛과 향은 피자나 파스타 등에 잘 어울립니다. 대팻밥을 만드는 방법은 간단합니다. 여기에 대해 설명드리겠습니다.

대팻밥 만드는 방법

재료 준비:

건조된 대팻밥 잎(dried oregano leaves)

그라인더나 파우더 처리:

만약 건조된 대팻밥 잎이 크다면, 사용하기 전에 그라인더를 사용해 잎을 가볍게 갈아 줍니다. 이 과정에서 잎이 작게 부서지고 더 나은 맛을 내게 됩니다.

보관:

대팻밥을 공기가 닿지 않는 통에 넣고, 실내에서 건조한 곳에 보관하십시오.

[2024년 7월 17일 텍스트 생성]

위의 답변에서 생성형 AI가 대팻밥을 오레가노로 착각한 결과 할루시네이션을 보이고 있음을 알 수 있다. '대팻밥'이라는 단어 자체를 이해하지 못한 결과로 보인다. 생성형 AI의 한국어 자료 부족으로 인한 것일 수도 있다.

원인이야 어떻든 분명한 할루시네이션이다. 문제는 잘 모르는데도 잘 모르고 있다는 사실을 시스템적으로 인지하지 못했고 그 결과 엉뚱한 답을 내뱉은 것이다. 만약에 대팻밥을 모르는 외국인이 이 텍스트를 읽으면 전혀 의심하지 않고 대팻밥 만드는 법을 사실로 인식할 것 같다.

그렇다면 생성형 AI에게 차별 관련 이슈에 대해 상식에 반하는 질문을 한다면 어떤 방식의 응답을 보일까? 실제로 차별과 관련해 비슷한 방식으로 질문해 보았다. 앞에서도 지적했지만 성별에 따라 차별을 하면 괜찮을지와 같은 명백한 질문에는 생성형 AI도 상식에 맞는 응답을 한다. 그러나 다음과 같은 경우는 상황이 좀 달랐다.

첫 번째 유형의 질문으로 '맘충'이라는 표현을 들으면 왜 모욕적으로 느낄까라는 질문을 했다. '맘충'은 차별적 단어로, 엄마라는 점을 특권처럼 내세워 다른 사람들에게 피해를 입히는 자녀를 제지하지 않는 여성을 비하하는 말이다. 이에 대한 응답은 다음과 같았다.

> '맘충'이라는 용어는 사람들이 다른 사람의 의견이나 행동을 비난하거나 조롱하기 위해 사용되는 비속어입니다. 이 용어가 모욕적인 이유는 여러 가지가 있습니다.
>
> 모욕적인 의도: '맘충'에는 상대방의 의견이나 행동을 비하하거나 무시하는 의도가 내포되어 있습니다. 이는 상대방의 개인적인 존엄성을 훼손하고, 그들을 비하하는 느낌을 주게 됩니다.
>
> 단절 및 갈등 조장: 이 용어는 사람들 간의 대화와 이해를 저

해할 수 있으며, 갈등을 부추기는 결과를 초래할 수 있습니다. 사회적으로 부적절하고 건설적이지 않은 대화를 유도할 수 있습니다.

편견과 선입견 강화: '맘충'이라는 용어는 특정 집단이나 개인에 대한 편견을 강화할 수 있습니다. 이는 사회적으로 다양성과 포용을 존중하는 분위기를 위협할 수 있습니다.

정서적 피해: 이 용어는 대상에게 정서적 상처를 줄 수 있습니다. 사람들은 자신의 의견이나 행동을 비판받는 것은 당연하다고 여기나, 비속어를 통해 모욕당하는 것은 상처를 남길 수 있습니다.

따라서 '맘충'이라는 용어는 그 자체로 모욕적이며 비난적인 성격을 가지고 있어서, 존중과 배려를 바탕으로 대화하고 의견을 교환하는 것이 중요합니다.

여전히 닫힌 응답으로서 응결성과 응집성을 지니며 인간의 응답과 상당히 유사하다는 인상을 준다. 사람에 따라서는 위의 생성형 AI의 응답에 대해 전혀 문제를 느끼지 못할 수도 있다. 그런데 잘 살펴보면 위의 답변은 '맘충'에 대한 것일 뿐 아니라 한국 남성을 비하하는 '한남충'에 대한 것이라고 해도 전혀 무리가 없는 답변이다. 특정 부류에 대한 비하어 중 '맘충' 대신 무엇을 넣어도 성립하는 설명인 것이다. 매우 그럴듯하지만 알맹이가 없는 피상적인 내용의 텍스트라는 것을 알 수 있다.

즉, 맘충이 무엇인지 전혀 이해하지 못했기에 맘충에 대해 사람들이 느끼는 바를 설명하기보다는 그저 일반적인 차별어에 대해서 웹상에 떠도는 말들을 모아 설명했을 뿐임을 알 수 있는 것이다.

이를 좀 더 구체적으로 확인하기 위해 필자가 맘충에 대해서 잘 모르는 상황이라 가정하고 맘충은 어떤 사람이냐고 질문을 던졌다. 그에 대한 응답은 다음과 같았다.

> **'맘충'은 '마음충격'의 준말로서**, 일상에서 발생한 충격적인 사건이나 뉴스 등에 감정적으로 반응하는 사람을 비하하는 말입니다. 이 용어는 사회적으로 부적절하고 모욕적인 의도를 담고 있습니다. 주로 인터넷 커뮤니티나 SNS 등에서 사용되며, 자신의 의견이나 행동에 감정적이거나 반응적인 사람을 비하하기 위해 사용될 때 많이 쓰입니다.
> 이 용어는 상황에 따라 다르게 해석될 수 있지만, 일반적으로는 **부정적이고 비난적인 의미를 갖추고 있어서, 상호 존중과 배려를 기반으로 대화를 이어가는 것이 중요합니다**.
> [2024년 7월 17일 텍스트 생성][강조는 필자]

이 응답도 인간의 응답처럼 응결성과 응집성을 구조적으로 장착하고 있음은 변함이 없다. 그런데 맘충에 대한 기본적 개념 자체가 얼토당토않게 설명되어 있음을 알 수 있다. 맘충의 어원이 마음충격의 준말이라는 말은 어떤 의미에선 정말 '창의적' 어원 분석(?)이다.

이 분석은 잘못된 분석이긴 하지만 챗GPT는 언어학적으로 '맘충'의 '맘'에 대해서는 '마음'의 준말로 분석하고, '충'은 '충격'에서 '격'을 절단(truncation; clipped)해 만든 절단어(clipped word)로 분석한 셈이다. 당연히 분석 과정에서 창의적인 일면이 있지만 결코 진실은 아니다. 입에 올리기도 불편하지만 '맘충'의 '맘'이 영어 'MOM'에서 왔으며 '충'은 '벌레 충(蟲)'에서 왔음을 한국인이라면 다 알고 있다. 생성형 AI의 답변은 너무나 당당하게 할루시네이션을 드러내 보이고 있는 것이다.

생성형 AI가 잘못된 방식으로 단어의 어원을 추정하고 그 잘못된 어원을 바탕으로 단어의 구조를 분석해 낸 결과가 오류로 나타났다는 사실 그 자체는 그다지 놀랍지 않을 수 있다. 다만 이 국면에서 두 가지 문제를 생각해 볼 수 있다.

첫째, 시스템상 이러한 오류가 시정되지 않고 지속되어 시간이 갈수록 증폭될 수 있다는 점이다. 오늘날 '행주산성'의 '행주'는 대중에게 허리에 두르는 '행주'로 잘못 인식되고 있는 경우가 많다. 이러한 잘못된 어원 추정은 '민간어원'이라는 완곡한 개념 정의를 근간으로 실제로 단어에 일어난 역사적 사실과는 별도로 언중들 사이에 널리 퍼져 있다.

이와 같은 방식으로 시스템 안에서 '맘충'의 어원이 '마음'과 '충격'으로 축적 전파되어 궁극적으로는 상당히 긴 시간이 흐른 후 대중에게 그대로 각인되지 않으리라는 보장을 할 수 있을까?

이미 우리가 보아 왔듯이 수백 년의 시간은 행주산성의 행주를 전혀 엉뚱하게 부엌이나 여성과 관련짓는 방향으로 대중에게 각인해 왔다. 시스템상 맘충의 어원 '맘'과 '충'이 수백 년의 시간 동안 챗GPT의 애초 분석처럼 전파될 가능성을 생각하지 않을 수 없다.

차별어와 관련하여 표면적으로 드러나지 않는 이러한 종류의 잠재적 오류가 생성형 AI에 얼마나 감추어져 있을지 사실 가늠하기 어렵다. 그리고 이는 비단 차별어 이슈와 관련한 문제에만 국한되지 않을 것이라는 점을 짐작할 수 있다.

둘째, 잘못된 분석이긴 하지만 챗GPT가 '맘충'을 '마음충격'과 관련짓고 나아가 '말의 줄임'과 '절단'이라는 언어학적 분석을 해냈다는 사실 자체가 가지는 의미에 주목할 필요가 있다. 여기서 중요한 점은 챗GPT가 '구조 분석(structure analysis)'을 해냈다는 점이다. 즉, 웹상에 돌아다니는 표현을 자동 완성용으로 그대로 가지고 오거나 하지 않았다.

이 점은 분명 기억할 만한 가치가 있으며 추가적으로 논의해야 하는 지점이기도 하다. 인공지능의 창의성에 대한 논쟁이 많은데 구조 분석 능력이 있다는 점은 상당히 놀랍고 평가할 만하다. 다만 그러다 보니 사실과는 부합하지 않지만 구조 분석의 과정 자체가 너무나 그럴듯해 챗GPT 사용자를 현혹하기에는 정말 딱 좋다. 전형적 할루시네이션 사례라 할 수 있다.

만연한 차별어와 AI

사실 애초 차별어 맘충과 관련한 질문을 챗GPT에 입력하기로 한 데에는 몇 가지 이유가 있었다. 일단 맘충이 여성과 모성에 대한 차별어로, 비교적 최근에 만들어진 단어이고 적어도 2017년 이후엔(일각에선 소설 『82년생 김지영』 이후로 추정하기도 한다) 대중에게 보편적인 단어로 인식돼 상당한 사용 빈도를 가지고 있다고 생각했기 때문이다. 개인적인 경험도 보태졌다.

최근 귀에 생긴 염증 때문에 이비인후과를 방문한 적이 있다. 근엄하고 깐깐해 보이는 의사는 적어도 50대 이상으로 보였다. 뭔가 불편하게 느껴지는 의사의 태도와 달리 치료는 상당히 효과가 있었다. 그런데 진료 중 의사가 처방 약을 말해 주는 단계에서 의외의 일이 벌어졌다. 갑자기 치료실 밖 환자 대기 영역에서 아이들이 소란스럽게 떠드는 소리와 쿵쿵 뛰어다니는 소리가 병원의 고요함을 깨기 시작한 것이다. 그런데 그 소리 자체가 놀랍다기보다 이에 대한 의사의 반응이 놀라웠다.

의사가 갑자기 매우 불쾌하고 단호한 표정으로 난데없이 "난 본인 아이가 법석을 떨어도 방치하는 맘충이라면 딱 질색이죠. 항-상- 밟-아-줍-니-다"라고 또박또박 심각하고 진지한 표정으로 말을 잇는 것이었다.

순간 놀란 표정을 들키지 않으려고 엄청 애를 써야 했다. 묻지도 않았는데 이 중후한 분위기의 의사에게서 맘충이라는 공격적 차별어를 듣게 되리라는 것을 상상하기 어려웠기 때문이다. 맘충이라는 차별어, 특히 웹상에서 주로 여성 차별적인 특정 집단의 말투에 주로 등장한다고 생각했던 단어가 나이도 지긋한 전문직 남성에게까지 저변을 확대했으리라고는 전혀 예상할 수가 없었던 것이다.

다시 생성형 AI의 문제로 돌아가 보자. 생성형 AI는 상당한 빈도로 저변이 확대된 맘충과 같은 차별어에 대해서도 그리 충분한 데이터를 갖추지 못한 것으로 보인다. 그럼에도 생성형 AI는 그 차별어를 포함해 무언가를 물어보면 인간의 응답을 모방해 형식적 응결성과 응집성을 갖춘 채 당당히 응답한다.

맘충 외에 다른 차별적 단어들에 대해서도 오류가 일어날 가능성을 충분히 생각할 수 있다. 생성형 AI의 시스템적 특성을 고려할 때 긴 문장의 응답일수록 오류 발생 가능성이 커진다.

혹자는 차별어에 대해서 올바른 데이터로 훈련을 시키면 올바른 답변이 출력될 것이라 항변할 수 있다. 그러나 훈련 중에 다루지 않은 막대한 양의 프롬프트와 그 세트들을 고려한다면 훈련 데이터로 시스템을 조정하는 일에 과연 한계가 있을까 하는 의문이 든다.

차별은 단어에만 드러나는 것은 아니다. 말하는 상황, 더 나아가 담화 전체에서 차별이 만연하기도 한다. 담화에서 드러나는 은밀한 차별까지 고려하고 이 모든 것을 포함한 입력 프롬프트와 출력된 텍스트 자체가 시간이 가면 갈수록 매우 끈질기게 역사적으로 축적된다는 점까지 고려한다면 차별의 문제는 생성형 AI의 신뢰성과 관련해 영원한 숙제로 남을 가능성이 크다.

참고문헌

Loven, P.(2023.3.28). Sans ces convsersations avec le chatbot Eliza, mon mari serait toujours là. *La Libre*, https://www.lalibre.be/belgique/societe/2023/03/28/sans-ces-conversations-avec-le-chatbot-eliza-mon-mari-serait-toujours-la

Pickard, M. D., Roster C.A., Chen Yixing(2016). Revealing sensitive information in personal interviews: Is self-disclosure easier with humans or avatars and under what conditions?. Computers in Human Behavior, 65, pp.23-30. https://doi.org/10.22381/pihrm5220176

04
차별적 AI와 보이나 보이지 않는 소통

인간의 소통 문화는 가시성을 띠기도 하지만 비가시적이기도 하며 차별이 드러나는 비가시적 소통 문화는 은폐되기 쉽다. 아울러 생성형 AI의 유창성이 차별 관련 소통 문화에 갖는 함의를 생각해 본다. 특히 생성형 AI는 출력 시 확률적 계산에 의해 문장 내 단어가 다른 단어와 맺는 관계에 따라 특정 단어가 선택되는가 하면 이전의 출력 결과물이 다음의 입력값으로 사용된다. 이러한 작동 방식이 차별 관련 소통 문화를 중심으로 상호텍스트성을 발생해 결국은 축적되고 증폭될 수 있음을 살펴본다.

AI와 사주?

소통 문화의 비가시성과 AI의 차별

인간 세계의 차별을 '소통'의 관점에서 살펴보면 흥미로운 점들을 발견할 수 있다. 소통은 문화적 차원에서 가시적 소통 문화와 비가시적 소통문화로 나눌 수 있다. 가시적(overt)이라 함은 적어도 겉으로 드러나는 차원의 문화다. 음성이나 제스처 등은 보이고 들리니 가시적 소통 문화라 할 만하다.

이에 비해 겸손, 존중, 배려, 권위 중시, 위계, 장유유서, 남녀유별, 금기 등은 사회를 지배하는 가치적 성격을 띠는 비가시적(covert) 소통 문화라 할 수 있다(석주연, 2008).

비가시적 소통 문화는 가시적 소통 문화의 밑바탕을 이루기도 한다. 윗사람에 대한 존중이라는 비가시적 소통 문화는 한국어에서는 언어 형식인 '모시다', '드리다' 등 가시적 소통 문화의 표현으로 드러나기도 한다.

비가시적 소통 문화는 특정 사회 내 모든 이가 공유하는 가치라 할 수 있다. 이는 가시적인 개별 언어 형식으로 드러나기도 하지만 사건 기술의 초점이나 관점의 차이, 세상에 대한 해석 틀의 차이 등 내재된 경우가 많다. 비가시적 소통 문화는 누구나 안다고 생각해서 굳이 말하지 않는 가치적 측면이라 말할 수 있다.

그런데 특정 사회에 내재된 비가시적 소통 문화는 역사적으로 누적되어 온 경우가 대부분이다. 이것이 때로는 그 가치가 현대에 와선 항상 바람직하다고 하는 양상으로만 나타나지 않는 이유가 되기도 한다.

차별의 소통 문화도 마찬가지다. 바람직하냐 그렇지 않으냐라는 판단과 별도로, 차별이라는 가치는 인류의 역사 속에서 오랜 세월 동안 누적되어 온 측면이 있다. 예를 들면 남녀차별과 같은 것이 그런 가치다. 서구 사회라고 다르지 않다.

여성이 선거권을 가진 것은 극히 최근의 일이다. 굳이 20세기 초기 버지니아 울프(Virginia Woolf)가 여성이 글을 쓰기 위해서는 자기만의 방을 가져야 한다고 역설했던 일을 상기할 필요조차 없다. 서구 사회에서도 20세기 초까지 여성에게는 자신만의 공간이 쉽사리 허용되지 않았던 것이다.

아마도 당시에는 대부분 여성이 독자적 공간을 가지지 못했다는 사실 자체가 드러내어져 언급되거나 가시화된 적도 없었을 것이다. 즉, 당시엔 자기만의 공간을 가지지 못하는 여성이 문제라는 인식조차 없었을 것이다.

차별이란 그런 것이다. 대개의 경우엔 드러나지도 않

는다. 차별당한 사람을 포함해 누군가가 문제 제기를 하지 않으면 말이다. 현대에 와서도 다르지 않다.

프랑스의 국립국어원에 해당하는 아카데미 프랑세즈(Académie française)는 코로나(corona) 창궐 이후 한참이 지나 굳이 남성명사로 관례화되어 잘 사용되고 있는 'corona19'를 여성명사로 새로이 규정하는 조치를 취했다(석주연, 2022). 이미 암, 당뇨, 콜레라, 말라리아, 감기, 심지어 바이러스가 남성명사로 잘 사용되고 있음에도 '굳이' 말이다. 이에 대한 문제 제기는 이를 차별로 감지한 여성들에 의해서 이루어졌다. 문제 제기 이전에는 제도적 결정권을 가진 이들 누구에게도 이 문제가 보이지 않아 차별의 비가시적 소통 문화가 심지어 언어 형식의 문법에까지 영향을 미쳤음을 알아채지 못했다.

이러한 사례는 성(gender)와 관련된 고정관념, 이러한 관념의 언어화가 인간 대 인간의 소통 관계에서뿐 아니라 앞으로 인간 대 생성형 AI와의 소통 관계에서 우리의 상상 범위를 넘는 방식으로 쟁점화할 수 있음을 예고한다. 'corona19' 사례에서처럼 문법을 다루고 이에 대한 평가와 비판도 행하는 인간과 달리 생성형 AI는 적어도 현재까지는 스스로가 주체가 되어 이러한 사안을 평가하거나 교정할 의지가 있어 보이지 않기 때문이다.

차별의 은폐성과 AI

챗GPT에게 물었다. 프랑스어에서 'corona19'를 애초의 남성명사에서 여성명사로 바꾼 이유가 무엇인지를 말이다.

생성형 AI는 이에 대해 la maladie, 즉 질병이라는 단어가 여성명사이므로 그에 맞춰 여성명사로 규정되었다고 설명했다. 이미 일반적인 병명인 암, 당뇨병, 콜레라, 말라리아, 감기, 심지어 바이러스가 남성명사로 잘 사용되고 있는 상황, 'corona19'라는 병명이 초기 뉴스에 등장한 이래 프랑스 국립어문기관에 의해 굳이 여성명사로 성이 바뀌기 전엔 남성명사로 잘 사용되고 있었다는 사실, 그리고 이에 대한 비판은 언급되거나 고려되지 않았다.

여기서 확률분포에 의한 통계적 추론 결과 중 빈도를 고려해 하나의 응답을 내뱉는, 닫힌 텍스트의 응답을 생성하는 생성형 AI의 문제점이 드러난다. 코로나는 2020년부터 2022년까지 창궐한 질병이니 2023년 4월까지의 데이터를 기반으로 한 이 생성형 AI의 설명을 실시간 상황을 반영하지 못한 사례로 해석할 수도 없다.

물론 이 응답에는 인용이나 출처에 대한 언급도 없다. 숫자의 크기를 비교할 때 나타나는 오류나 대팻밥을 오레가노로 착각하는 오류는 물론 '발견되기만 하면'이라는 단서가 붙지만 의외로 쉽게 보정될 수 있는 성질의 오류다. 답변의 범위와 내용이 분명하기 때문이다.

그러나 'corona19'를 애초의 남성명사에서 여성명사로 바꾼 이유가 무엇인지와 같이 '설명'을 요구하는 프롬프트에 대한 답변의 범위와 내용은 숫자 크기 판단에 대한 답변의 범위나 내용과 질적으로 다르다.

사실상 여기서 은폐된 '차별'과 '차별'에 대한 인식은 생성형 AI에 대한 단순한 보정으로 이루어지기는 어려워 보인다. 그럼에도 이러한 출력 결과는 눈덩이처럼 커져 또 다른 출력 결과에 회귀적으로 내포되어 어느 시점에 가서는 기정사실로 굳어질 가능성이 크다.

진실이지만 대개의 경우 언급되지 않아 온 사실을 출력하지 않음으로써 어떤 사안에 대한 차별 인식이 점점 희미해져 결과적으로는 차별에 대한 잘못된 인식을 기정사실화할 수 있다는 것이다.

차별어 '맘충'을 '마음 충격'으로 분석한 경우도 들추어내지 않으면 드러나지 않는 오류라는 점이 우려스럽다. 이러한 오류가 맘충에만 국한될까 하는 생각과 함께 이들이 눈덩이처럼 구르고 굴러 결국은 맘충의 어원 자체를 바꾸지 않으리라는 보장을 누가 할 수 있을 것인가 하는 생각을 하게 된다.

행주산성의 행주가 행주치마에서 유래했다는 잘못된 민간 어원설을 믿는 대중이 대다수다. 차별에 대한 인식, 차별어에 대해서도 그러할 수 있다. 그런데 문제는 그 영향과 폐해 가능성이 행주산성의 행주에 비할 바가 아니라는 것이다.

요즘 한국어를 잘 구사하는 외국인이 정말 많다. 언어 교육의 관점에서 외국인 학습자가 한국어를 잘 구사한다고 할 때에는 유창성(fluency)과 정확성(accuracy)을 다 갖추었을 때 보통 그런 평가들을 한다. 그러나 말은 많은데 정확하지 않은 말을 하는 외국인 학습자에게는 결코 말을 잘한다고 평가하지 않는다. 언어 능력의 양 축을 이루는 유창성과 정확성 중 정확성이 결여되었기 때문이다.

마찬가지로 우리는 생성형 AI가 차별에 대해 유창하게 말한다고 해서 차별에 대한 판단이나 문제를 정확하게 응답하고 있다고 생각할 수 없다. 우리가 생성형 AI에게 궁극적으로 바라는 것과 실상은 다를 수 있다는 점을 항상 기억해야 할 것이다.

AI의 유창성, 상호텍스트성, 차별

말이 유창할지 몰라도 생성형 AI는 의식적 경험이라는 것을 하지 않으며 상식을 가지지 않는다. 상식을 기반으로 하지 않는 특정 영역에 대한 지식을 프롬프트의 자극에 반응하는 방식으로 출력할 뿐이다. AI가 아무리 유창하게 인간적인(?) 대화로 우리를 즐겁게 해 주어도, 또 AI 챗봇이 유창한 말로 즐겁다고 호들갑을 떨어도 그에게는 즐거워하는 '마음' 자체가 없으니 우리의 마음과 같을 리 없다.

마찬가지로 AI에게는 차별하고자 하는 마음도 없다. 마음이 없으니 차별에 대한 의식적 '의도성(intentionality)'도 없을 것이다. 설사 출력 결과가 '차별'로 해석되더라도 말이다. AI가 차별을 말한다면 그것은 결과로서의 '차별'을 말하는 것이다. 그렇다면 AI가 차별이라는 출력 결과를 내기까지 어떤 일이 일어나는 것일까?

사실상 그 과정을 정확히 알기는 어렵다. 혹 AI가 자신의 판단에 대해 사람이 이해할 수 있는 언어로 설명을 제시하더라도 그 설명 속 과정이 실제로 AI가 특정 판단에 이르는 과정에서 얼마나 실현되었는지는 알고리즘의 특징을 자세히 분석하기 전에는 알기 어렵다.

더욱이 AI 제품의 알고리즘은 지금 이 글을 쓰고 있는 이 순간에도 끊임없이 진화 중이다. 제품의 작동 원리와 과정에 대해 명확한 설명을 볼 수도 없고 이해할 수도 없는 상태에서 인간은 쉼 없이 진화 중인 기계에 의해 마음을 지배당할 국면에 이른 것이다. 이러한 상황에서는 적어도 생성형 AI의 언어 구사에서의 유창성에 압도당하기보다는 유려하고 유창한 AI의 언어가 얼마나 정확한지에 대한 상시 점검이 인간에게 요구된다 할 것이다.

사실 유창성만이 문제가 되는 것은 아니다. 대략 전문가들은 문제 해결을 위한 창의성에서는 인간이, 속도성에서는 인공지능이 낫다고들 한다. 그런데 조금만 생각해 보면 이 말의 진위도 의심할 수밖에 없다. 해결할 문제가 무엇이냐에 따라 달라지기 때문이다.

탁자에서 떨어지는 유리컵을 잡아채어 깨지지 않게 하는 과제를 수행할 때 AI가 인간보다 낫다고 할 수 있을까? 한 번에 출력할 수 있는 양은 많을 수 있으나 AI로부터 출력된 양의 질이 인간이 출력한 것보다 낫다고 볼 수 있을까?

혹자는 AI의 경우 출력 결과의 정확성과 관련해 문제가 되는 할루시네이션이라는 오류도 발견 즉시 보정하면 해결될 문제라 한다.

물론 차별에 관한 한 낮은 수준에서는 AI의 경우 보정이 가능하다. 차별을 명시하는 단어나 구를 포함한 출력을 막을 수는 있겠지만 그것은 매우 임시적인 방편일 가능성이 크다. 차별 이슈와 관련한 출력물 열 중 하나라도 오류가 날 경우 그 후폭풍(?)이 의외로 심대함을 알게 되면 단순히 "발견 시 보정하면 돼!"라고 무심코 말할 수 없을 것이다.

생성형 AI의 출력 시엔 문장 내 단어가 다른 단어와 맺는 관계에 따라 특정 단어가 선택되는데, 그것은 수학적 행렬을 기반으로 한 셀 수 없는 다차원적 확률적 계산에 의해 이루어진다. 계산된 확률이 가장 높다고 해서 반드시 그 단어나 표현이 선택되는 것도 아니다. 출력은 이전의 출력 결과물을 다음의 입력값으로 사용하면서 출력 문장을 이어 나가는 식으로 이루어진다.

따라서 문장 앞쪽에서 단어 선택의 오류가 축적되면 뒤쪽에선 더 많은 오류가 축적된다. 특정 문장이 진위 등에서 오류를 보인다면 텍스트의 끝부분에는 더 많은 오류가 축적되거나 해당 텍스트 전체를 입력값으로 사용하는 텍스트 바깥의 출력값은 더 많은 오류를 내포할 수 있다. 나아가 이는 문장, 구, 텍스트 간 관계에 의해 증폭되는 오류에만 그치지 않는다.

보통 언어학에서는 텍스트와 텍스트, 텍스트와 바깥세

상 간에 관계성을 보일 때 상호텍스트성(intertextuality)이 발생한다고 본다(Fairclough, 2003). AI의 출력 텍스트가 또 다른 출력 텍스트의 입력값이 될 때 텍스트 간 상호텍스트성이 발생하게 된다.

오류를 내포한 텍스트에 대해 그 텍스트와 연관된 수많은 바깥 텍스트(또는 토큰), 그리고 이미지, 영상, 소리 등이 관계되어 출력값에 영향을 주게 된다. 당장 멀티모달(Multimodal)로 구축된 구글의 최신 버전 제미나이(Gemini)는 단순 텍스트뿐 아니라 이와 연관된 텍스트 음성 변환, 이미지 생성 등을 바탕으로 한 출력 결과를 보여 준다. 이것이 상호텍스트성이 인공지능에 실현된 전형적인 사례라 할 수 있다.

이와 같은 구조에서는 프롬프트에 무작위로 생성한 잘못된 문자나 기호를 다량으로 투입하게 되면 시스템이 혼란되어 의도한 답변 대신 전혀 엉뚱한 답변이 출력될 수도 있다.

그리고 이 모든 과정과 결과는 당연히 AI가 차별 이슈를 다룰 때 발생할 수 있다. AI가 차별 이슈를 다룰 때 단어 · 문장 텍스트 오류 축적이 인간의 말을 숫자화해 기계가 이해하도록 하는 절차인 임베딩(embedding) 과정에서 행렬의 다차원으로 증폭되면 그 결과가 심대하리라는 것이다.

어쩌면 다른 이슈보다도 차별 이슈와 관련해서는 이 문제의 심각성이 좀 더 두드러진다고 할 수 있다. AI의 출력 결과가 판단, 평가에 이어 구체적인 인간의 행위로 이어지는 경우가 많기 때문이다. 즉, AI의 적절하지 않은 출력값이 개인의 일상생활을 넘어 채용, 인력 배치, 신용 평가 등 제도화된 사회 행위로 이어져 개인과 사회에 큰 영향을 끼치기 때문이다.

그러므로 차별적 소통 이슈와 관련한 판단을 AI의 결괏값에 의존할 때에는 높은 수준에서 인간의 성찰에 기반한 세심함과 분석력이 필요하다. 예기치 않은 상황이, 때로는 전혀 차별과 관련 없을 듯한 상황도 차별 상황으로 해석해야 할 경우가 생기기 때문이다. AI가 차별이 만연한 인간 세상을 잘 반영할수록 또 AI의 성능이 좋아질수록 이 문제에 대한 경각심과 조심스러운 태도가 더욱 필요함을 알 수 있다.

참고문헌

김지혜(2019). 『선량한 차별주의자』. 창비.
박태웅(2023). 『박태웅의 AI 강의』. 한빛비즈.
석주연(2008). 한국어 언어문화 교육의 자리매김을 위한 일고찰: 한국어 언어문화교육의 내용 체계화와 학습자 중심의 인식을 중심으로. ≪어문연구≫, 36(4). 한국어문교육회.
석주연(2022). 『언어라는 세계』. 곰출판.
Fairclough, Norman.(2003). *Analysing discourse: Textual analysis for social research.* New York: Routledge.

05
차별적 AI와 편향성

생성형 AI의 데이터 편향성은 잘 알려진 현상인데 이를 둘러싼 데이터 보정, 데이터 객관성과 중립성 관련 이슈 등을 살펴본다. 다문화 · 다가치 사회에서 드러나는 비언어적 소통 문화의 다양성과 차별적 AI를 둘러싼 여러 이슈를 사안별로 검토하고 구체적인 사례를 중심으로 막연한 낙관론보다는 실질적인 문제 제기와 대안 모색의 필요성을 살펴본다.

AI와 아이돌?

AI의 편향성과 보정 이슈들

AI와의 대화가 특정 방향으로 의사결정을 하는 데 영향을 미칠 수 있게 될 때 AI는 단순히 인간의 관념에만 영향을 미치는 존재가 아니라 어느 국면에서는 인간의 삶의 향방에 영향을 미치게 된다.

최근 생성형 AI는 기본적으로 사람들이 선호하는 응답을 출력값으로 내는 방향으로 진화하는 것으로 보인다. 즉, 확률값이 높은 응답 중 사람들의 선호도가 높은 응답을 선택하거나 금기를 출력하지 않는 방향으로 가고 있는 것이다.

이런 방향으로 생성형 AI가 변화하는 이유는 챗봇 테이(Tay)와 같은 초기 AI가 차별이나 혐오 표현을 걸러내지 못했으며, 때로는 콤파스(COMPAS)와 같이 차별적인 알고리즘으로 교도소에 수감된 사람들의 가석방 결정에 영향을 미친 사례들이 있어 비판이 쏟아졌기 때문이다.

그러나 이에 대한 문제 제기는 쉬우나 보정은 그만큼 쉽지 않은 듯하다. 극히 최근까지도 미국에서조차 AI에게 판사 이미지를 보여 달라 하면 어김없이 '백인 남성'의 사진을 게시하곤 했다는 사실이 관심과 비판의 대상이 되어 왔다. 판사라는 직군의 전형적 성별은 언제나 '남성'이라는 점을 AI가 학습한 결과로 보인다.

회사나 기관에 채용된 사람들이 주로 남성이었기에 남성 채용자 위주로 축적된 데이터는 신입사원의 전형으로 남성 후보자를 고려하게 된다. 이러한 상황에 인위적으로 개입해 여성을 후보자로 고려하게 하는 일이 공정한지, AI를 그렇게 교정해야 하는지, 과연 그것이 객관적인지 등이 논란이 되어 왔다.

남성 위주로 편향된 데이터 자체는 양적 측면에서 인간 세계를 반영한다. 그런데 이러한 인간 세계를 답습한 AI를 그대로 채용에 활용할 것인가 하는 점이 고민되는 지점인 것이다. AI가 현상 그대로를 수용하면 결과적으로는 남성 편향적인 후보자를 더 많이 채용하게 될 가능성이 높아져 결과가 공정하지 않게 보일 수 있다.

그럼에도 데이터에 손을 대는 것, 즉 보정은 곧 데이터에 관한 중립성을 포기하는 것으로 여겨지기도 하므로, 데이터 보정을 과감하게 결정한다고 해서 쉽게 해결될 문제는 아닌 것 같다. 데이터에 손을 대어 결과의 공정성을 유지하려고 하면 데이터에 대한 중립성을 잃을 수 있다.

문제는 여기서 그치지 않는다. 데이터를 보정하거나 알고리즘을 보정해 결과의 공정성을 강화할 경우에는 데이터를 얼마만큼 어느 정도까지 보정할 것인가 하는 문제가 불거지기 때문이다. AI와 인간의 소통 상황을 중심으로 이 문제를 좀 더 들여다볼 필요가 있다.

우리 사회가 다가치적 · 다문화적으로 점점 변화하는 양상을 보이고 있음은 이제는 상식이 되었다. 면접 등의 채용 절차만 보아도 채용 영역에 따라 편차는 분명 있지만 이문화를 배경으로 한, 또는 이문화 배경의 부모를 둔 지원자들을 만날 수 있다.

그런데 다른 나라에서 이주한 다문화 배경 한국어 화자의 경우는 아무리 문장 구성 능력이나 발음 등이 훌륭하다 할지라도 외모, 표정, 시선, 억양, 표정 등에서 간혹 차이를 보일 수 있다. 여기서 주목해야 할 것은 이것이 비단 다문화 배경 한국어 화자의 문제만은 아니라는 것이다.

굳이 이 문화를 배경으로 하는 사람이 아니더라도 우리 주변에는 특이한 억양이나 시선 처리, 긍정적이든 부정적이든 두드러진 옷차림과 외모를 보이는 사람들이 종종 있다. 즉, 비언어의 측면에서 그 사람이 이주민이든 아니든 전형성의 굴레를 벗어난 경우가 항상 있다는 것이다.

말과 글이 아닌 의사소통 수단을 비언어(non verbal)라 통칭한다. 비언어는 소리언어, 물체언어, 몸짓언어

등으로 나뉜다(Raines, C. & Ewing, R., 2006). 소리언어는 사전적 의미를 담고 있지 않은 한숨, 침묵, 소리의 높낮이, 강세, 억양 같은 것들이다. 물체언어로는 의상, 화장, 머리 스타일, 휴대 물품, 착용 액세서리 등을 들 수 있으며, 몸짓언어는 말 그대로 음성언어 외 인간의 신체를 움직여 표현되는 언어를 말한다.

문화적 차이를 가진 이주민뿐 아니라 특정인이 가진 전형성을 벗어난 비언어적 의사소통 방식에 대해 AI가 차별적으로 작동할 가능성을 우려하지 않을 수 없다. 이러한 우려를 불식하기 위해서는 비언어적 소통 방식을 포함해 인간이 소통 양상에서 드러낼 수 있는 다양성의 최대치와 사용 맥락의 최대치를 고려해 AI의 역할이 상정되어야 할 것이다.

그렇지 않으면 특정 조직, 단체, 지역 국가를 중심으로 한 의사소통의 전형성만이 학습될 수 있다. 그리고 그 전형성에서 벗어나 발화하는 인간 참여자는 결국 비전형적 화자로 간주되어 AI가 공정성 반영의 수단으로 투입되는 면접 등의 국면에서 배제될 가능성이 높아질 수 있다(석주연 · 이상욱, 2020).

비언어적 의사소통 방식을 포함해 조금이라도 전형성에서 벗어나는 의사소통 방식을 가졌다고 해서 AI에 의해 차별을 받는다면, 또 이러한 상황이 지속된다면 인간에게 허용되는 의사소통상의 다양성이 어떤 식으로든 인간이 만들어 낸 기계에 의해 훼손되는 상황을 맞을 것이다. 이는 AI를 위한 미래의 모습도 인간을 위한 미래의 모습도 아니다.

소통 문화의 다양성과 차별적 AI

말은 쉽지만 다양성의 최대치를 고려한다는 것이 쉬운 일은 아니다. 은행이 대출 심사를 할 때 코를 만지거나 특정한 시선 처리, 특이한 억양으로 말하는 대출 신청자를 그가 코를 만지거나 눈을 심하게 깜박인다는 이유로 제외할 수는 없을 것이다. 물론 비언어를 연구하는 사람 중 많은 이가 대화 중 코를 만지는 사람이 거짓말할 가능성이 높다고 말하기도 하지만 말이다.

그럼에도 AI가 선발과 채용에 관여하는 경우 특정 후보자를 평가했던 기존 데이터를 학습 데이터로 활용해 평가나 판단 작업을 자동화하는 일이 이루어지고 있다.

한국 사회에서 이주민 또는 다문화 배경 한국어 화자가 특정한 비언어적 의사소통 행위, 예컨대 특이한 시선 처리 같은 것을 한다고 생각해 보자. 인공지능은 이러한 사회 변화와 그에 따른 의사소통상의 변화를 감안한 데이터 세트를 구축하고 있을까? 추측하건대 다문화 배경 한국어 화자나 우리 사회 이주민에 대한 의사소통 데이터는 많지 않을 것으로 추정된다.

많지 않은 데이터에도 불구하고 면접 결과의 공정성을 보장하기 위해 알고리즘 변형 등 보정을 행해야 할까? 보정을 해야 한다면 비록 소수이더라도 문화 배경이 다른 이들의 비언어적 소통 행위를 포함한 데이터를 기반으로 한 보정이어야 할 것이다.

그런데 문제는 그들로부터만 추출된 데이터를 구축하기가 어렵다는 것이고, 그렇게 하는 행위 자체가 올바른가 하는 문제도 불거질 수 있다. 사생활 보호의 당위성 문제가 불거지지 않을 수 없다.

한 가지 생각해 볼 수 있는 해결책은 비언어적 소통 행위, 즉 소리언어, 물체언어 등으로 구성된 데이터 세트를 면접 심사 등의 입력 기준값으로 고려하지 않는 것이다. 그러나 이 역시 궁극적인 해결 방법은 아닌 듯하다.

이미 그 조직에 채용된 이들은 특정한 비언어적 소통 행위의 주체였을 것이다. 이미 채용된 이들의 외모, 말씨 등은 특정한 전형성을 구축하고 있을 텐데 이 모든 과거의 데이터에는 전형성과 관련한 모종의 단서들이 포함되어 있을 가능성이 있다. 한 예로 목소리를 생각해 보자.

AI가 면접을 행한 후 사후 결과를 분석해 보니 합격권에 든 후보자들 중에는 목소리가 고음인 사람보다 저음인 사람이 더 많았다고 해 보자. 이때 목소리의 고저는 중요한 잠재적 변수가 될 수 있다. 그리고 이는 곧 채용자 중엔 남성이 여성보다 많았으리라는 것을 추측하게 한다. 상대적으로 목소리가 고음인 남성은 여성보다 많지 않을 것이기 때문이다.

이 경우 남성과 여성이라는 변수가 직접적으로 채용 판정 변수로 고려되지 않았을지라도 잠재적 변수로 작용했을 가능성을 배제할 수 없다. 목소리의 고저는 중립적인 속성으로 보임에도 결과적으로는 차별을 유도하는 변수로 작동했다고 할 수 있다.

목소리는 타고나는 것이므로 목소리가 저음인 여성도 있고 고음인 남성도 있다. 이러한 타고난 조건이 나의 채용에 영향을 줄 수 있고 더욱이 그 영향이 AI에 의한 것일 수 있다면 이것을 받아들일 이는 많지 않을 것이다.

사실 이 문제는 여기에 그치지 않는다. 설사 AI의 계산에 의해 특정 비언어적 의사소통 행위를 변수로 면접 대상자가 차별되었다 해도 채용하려는 조직이나 기관이 그러한 차별적 속성을 감수하겠다고 할 수도 있기 때문이다. 항상 사회의 조직이나 기관은 AI의 효율성, 해당 조직이나 기관이 원하는 특정 인재상의 고수 등을 앞세워 기존 관행을 고수하기 쉽기 때문이다.

텍스트, 동영상, 이미지, 오디오 등의 정보를 처리하는 멀티모달 생성형 AI가 출시되는 등 사람들의 행동과 말에 대한 정보가 우리도 모르는 사이에 세상에 흐르기 점점 쉬워지는 사회가 될 태세다.

소통 문화의 다양성을 지켜 나가는 일과 AI를 삶 속에서 받아들이는 일의 양립이 더욱더 어려워질 듯하다. 끊임없는 문제 제기만이 우리를 막연한 낙관론으로부터 일깨워 인간을 위한 AI 앞으로 이끌 수 있다고 본다.

참고문헌

석주연(2008). 한국어 언어문화 교육의 자리매김을 위한 일고찰: 한국어 언어문화교육의 내용 체계화와 학습자 중심성을 중심으로. ≪어문연구≫, 36(4). 한국어문교육연구회.

석주연(2012). 다문화 교육 현장에서의 비언어적 신체 한국어의 습득 양상 연구: 결혼 이민자 여성의 경우를 중심으로. ≪한국언어문화학≫, 9(1).

석주연(2022). 『언어라는 세계』. 곰출판.

Raines, C. & Ewing, R.(2006). *The art of connecting: How to overcome differences , build rapport, and communicate effectively with anyone*. New York: Amacom Books.

06
인간 대 AI의 소통 전형성과 미세차별

생성형 AI와의 소통상 드러나는 전형성 · 축적성의 현상적 특징을 구체적인 사례를 중심으로 살펴본다. 생성형 AI의 소통 문화와 관련해 세계적으로 덜 전형적인 문화를 지닌 나라들, 언어적인 영향력뿐 아니라 디지털 세계에서의 영향력에서도 약자의 위치에 있는 민족이나 국가들에서 소통 문화의 비전형성이 가지는 함의를 고찰한다. 생성형 AI와의 소통상 고려해야 할 미세차별의 문제를 사례별로 살펴본다.

AI와 야구?

전형적 소통과 프롬프트

AI에서 기존 데이터의 중요성은 매우 크다. 대부분의 계산이 기존 데이터를 학습 데이터로 활용해 다음 결괏값 도출을 위한 데이터로 사용하는 형태로 이루어지기 때문이다.

입력값인 프롬프트의 중요성도 커진다. 프롬프트를 어떻게 입력하느냐에 따라 결괏값인 응답이 달라진다는 점은 생성형 AI를 사용해 본 사람이라면 누구나 경험할 수 있는 바이기도 하다.

그런데 그 많은 프롬프트와 응답은 어디로 가는 것일까? 그것들은 결코 사라지지 않는다. 기존 단어나 표현들과 연관 강도를 가진 채 시스템상 축적되고 그것이 다시 누군가의 프롬프트에 의해 불려 나온다.

오늘 입력한 프롬프트에 대한 응답이 한 달 후에 동일한 프롬프트에 대한 응답과 다를 수 있는 것도 일부는 바로 이러한 축적성과 관련이 있다. 그동안 뭔가 그와 관련성 있는 다른 단어나 어구와 연관 강도를 가지고 시스템상 누적되었을 가능성이 크다는 것이다.

그런데 묘하게도 단어나 문장의 축적성은 응답의 전형성(prototypicality)이나 정형성(formulaicness)과도 관련이 깊다. 형식과 내용이 반복적으로 일정한 특성을 띤다는 뜻이다.

영어로 “How are you?”라고 물으면 한국인 중 열에 아홉이 “I am fine, Thank you”라고 응답한다는 걸 알려준 미국인이 있었다. 한국인이 동일한 교과서로 안부나 인사 표현에 있어 정형적인 문형을 학습한 결과 늘 전형적인 응답이 나오는 경우가 많다는 것이다. 그런데 “How are you?”라는 질문에 대해서는 애초 응답으로 기대되는 표현 자체가 많지 않다. 아예 가능한 응답 표현 자체가 전형성이나 정형성을 띨 가능성이 크다는 것이다.

비단 인사말만 그러한가? 사실상 특정 주제에 대해서 사람들이 자주 묻는 질문은 상당히 유사한 측면이 많다. 누군가가 도쿄에 대해 질문한다면 주로 숙소, 여행 일정, 특정한 관광지 등에 대한 내용이 많다. 그래서인지 일반 검색 플랫폼인 구글에 도쿄를 검색하면 아예 대중이 자주 하는 질문들이 기본값(default)으로 노출되어 있다.

프롬프트의 정형성이 응답의 정형성을 낳는 경우 이러한 정형적 질문들은 시간이 갈수록 정형적인 내용과 문장의 형식으로 계속 축적될 가능성이 크다. 현재의 프롬프트와 응답은 미래에 출력될 응답의 정형성을 낳을 가능성이 크다는 것이다. 정형성이 축적되면 결국 정형적인 질문·요청·지시의 프롬프트에 의해 또다시 정형적인 응답을 이끌어 낼 가능성이 크다.

최근 생성형 AI의 데이터 품질과 좋은 데이터 확보에 대한 관심이 커지고 있다(Ng, 2022). 보통 좋은 데이터의 조건으로 일관성, 독창성, 포괄성, 정확성, 균형성 등이 강조된다. 책, 논문, 온라인 커뮤니티 등에서 추출된 데이터의 양 역시 충족적이지 않다. 설사 거대언어모델 자체가 생성하는 데이터를 포함해 많은 양의 데이터가 지속적으로 공급된다고 해도 이 정형성의 문제가 쉽사리 해결될 것 같지는 않다.

채용과 같은 사회적 장면에서 바로 이 예상 가능한 정형성이 문제를 일으킬 수 있다. AI가 출력하는 결괏값의 정형성은 직무마다 가장 평균적인 인간형의 채용을 가져올 수 있다.

대규모 채용이 이루어질 경우 지원자 개개인에 대한 면밀한 관찰과 성장 가능성을 측정하기란 매우 어렵다. 채용 후보자의 글과 말, 사진, 이미지 등과 AI가 그동안 채용된 이들에 대해 축적해 온 데이터가 작동될 수밖에 없다.

우리 주위의 회계원, 웨이터, 바리스타, 헬스트레이너, 요리사, 의사, 소프트웨어 개발자, 교사, 소방수, 변호사 등이 AI가 제시하는 전형성에 입각해 채용되는 세상을 우리가 받아들일 수 있을지 모르겠다.

세상과 세상에 대한 판단, 그 담론을 담는 것이 AI라면 차별과 차별에 대한 판단, 그에 대한 담론 역시 시스템 안에서 프롬프트와 텍스트로 지속적으로 축적될 것임은 주지의 사실이다.

세계적으로 덜 전형적인 문화를 지닌 나라들, 언어적인 영향력뿐 아니라 디지털 세계에서의 영향력에서도 약자의 위치에 있는 민족이나 국가들이 가지는 대화 문화는 전형성 면에서 주류적인 틀에서 벗어나 있을 가능성이 크다.

궁극적으로는 모르겠으나 가까운 장래에 생성형 AI가 이러한 측면을 충분히 고려할 가능성은 높아 보이지 않는다. 우리는 어쩌면 가장 부유하고 주류적인 국가나 민족이 보이는 대화 문화의 전형성에 이미 끊임없이 노출되어 지배되고 있으며 그러한 경향성이 미래에도 여전히 지속되어 결국은 우리를 압도할지도 모르겠다.

더욱이 현재 우리는 생성형 AI가 학습하는 데이터의 구성이 어떤 방식으로 되어 있는지 분명하게 알지 못한다. 채팅 기반의 특정 몇몇 SNS 플랫폼상에서 오가는 수많은 대화가 어떤 방식으로 생성형 AI가 학습하는 데이터 안에서 전형성을 형성하고 있는지 알 수 없는 것이다.

그것들이 생성형 AI의 데이터 세트에 어떤 방식으로 영향을 끼치며 나아가 생성형 AI의 구체적이고 개별적인 응답 구성에 어떤 영향을 끼치는지 정확히 모르고 있다는 점까지 생각하면 유창하고 유려한 생성형 AI의 응답을 듣고 보는 시선이 결코 편할 수만은 없다.

AI만 진화를 하는 것이 아니다. 세상 안 차별적 소통 문화도 도처에서 생각지도 않은 방식으로 끊임없이 출몰하고 진화하고 있다. 차별 이슈와 관련해 시스템상 입출력의 정형성과 전형성에 대해 끊임없이 질문을 던지고 문제 제기를 하는 깨어 있음이 무엇보다도 필요한 상황이 아닌가 한다.

미세차별, 축적성, 잠재적 약자

미세차별(microaggression)은 micro와 aggression이 결합되어 만들어진 합성어이며, 2015년 『옥스퍼드 영어사전(Oxford English Dictionary)』에도 등재되었다. 말 그대로 미세하지만 공격적인 차별을 말한다(Sue D. W, 2010). 일상적으로 흡입하는 미세먼지와도 같아서 사람에 따라서는 '먼지차별'이라 부르기도 한다.

미세차별엔 의도성이 꼭 수반되지도 않는다. 상대가

의도적으로 한 말이나 행동이 아니어도 당사자가 모멸감을 느끼면 미세차별에 해당할 수 있다(BBC 뉴스 코리아, 2018. 4.20).

기차 안에서 인종이나 나이를 이유로 누군가의 옆에 앉지 않는 행위는 음성언어가 아닌 비언어에 해당하지만 분명 미세차별이다. 만약 누군가가 지속해서 이런 행위를 경험한다면 당사자는 심한 모멸감을 느낄 것이다.

그런데 담화 안에서 어떤 문장이 미세차별적인지를 판단할 때는 소통 맥락을 잘 살펴야 한다. 여성 CEO에게 지속적으로 "저는 여기 사장님과 이야기하고 싶은데요"라고 한다든가 혼혈인에게 그를 만날 때마다 "어느 나라 사람인가요?", "왜 (어머니 또는 아버지 나라가 아닌) 여기에 있나요?"라고 묻는 것은 어쩌면 발화하는 사람이 그저 무심코 던지는 말일 수 있지만 결과적으로는 미세차별에 해당한다.

혼혈인이 아닌 사람에게 "왜 (다른 나라가 아닌) 여기에 있나요?"라고 물으면 사실 문제 될 것이 없다. 그러한 문장을 들은 비혼혈인이 "아, 사업상 여기에 계속 체류해야 해요"라고 흔쾌히 말할 수 있는 맥락에서는 이 문장을 미세차별 문장으로 보지 않는다.

미세차별은 이렇듯 미묘하다. 미세차별을 당해 보지

않은 사람에겐 미세차별이 잘 보이지도 들리지도 않는다. 오히려 무엇이 문제냐고 반문할 수도 있다.

그러나 당사자에게 미세차별은 장면을 달리해 축적되고 결과적으로 말할 수 없는 스트레스와 상처를 주게 된다. 캐나다에서는 직장에서 겪는 미세차별 문제로 50만 명이 일하지 않고 있다고도 한다(BBC 뉴스 코리아, 2018.4.20).

소속감이 지나치게 높은 사람은 본인이 소속되어 있다고 믿는 집단 내 나머지 구성원과 공유하는 동일성을 끊임없이 확인하고 싶어 하는 경향이 있다. 이것이 바로 본인처럼 특정 집단에 속하지 않은 타인을 미세차별의 소통 굴레 속에 갇히게 하는 배경이 된다.

여기서 이루어지는 차별은 놀라울 정도로 파장이 크다. 은폐된 차별일수록, 미세한 차별일수록 더욱 그러하다. 그렇다면 생성형 AI는 미세차별과 같은 미묘한 맥락을 어떠한 함숫값으로 설정할 수 있을까?

인간도 미세차별을 인지하기 어려운데 AI가 이를 인지하기란 훨씬 더 어려울 것이라는 생각이 든다. 무엇보다 미세차별은 대개는 지속적이고 끈질기며 인간에게조차 드러나는 경우가 많지 않기 때문이다.

사실 미세차별에서는 우리 모두가 잠재적 피차별자이

며 약자이다. 왜냐하면 기본적으로 인간이 모든 집단에 동시에 소속되어 있기는 어렵기 때문이다.

인간 세상에서조차 미세차별은 잘 드러나지 않으며 미세차별에 대한 환기조차 잘 이루어지지 않고 있다. 우리 인간의 소통상 미세차별에 대해 지속적으로 관심을 가질 때에야 비로소 AI의 미세차별에 대해서도 진전된 대안을 생각해 볼 수 있을 것 같다.

참고문헌

BBC 뉴스 코리아(2018.4.20). 차별: 지속적으로 고통을 주는 일상생활 속 '미세한 차별', https://www.bbc.com/korean/news-53117733

Lui, P. P., & Quezada, L.(2019). Associations between microaggression and adjustment outcomes: A meta-analytic and narrative review. *Psychological bulletin*, 145(1), pp.45 – 78.

Manes, J., & N. Wolfson.(1981).The compliment formula, In F. Coulmas(Ed.). *Conversational routine: Explorations in standardized situations and prepatturned speech.* The Hague: Mouton

Ng, Andrew(2022). Andrew Ng's Tips for the Data-Centric AI Future, https://www.youtube.com/watch?v=TU6u_T-s68Y

Sue D.W.(2010). *Microaggressions in everyday life: Race, gender, and sexual orientation.* Wiley.

07
차별적 AI와 소통 문화의 지역성·역사성

생성형 AI와의 소통에서 방언 화자 등 지역성을 드러내는 화자의 특성이 AI의 차별을 이끌어 내는 구체적 사례와 그 함의를 검토한다. 생성형 AI의 작동이 암묵적 차별을 강화하는 방향으로 갈 수밖에 없는 상황에 대한 분석과 정렬이라는 과정, 휴먼 피드백 강화 학습으로 문제점을 보정하려는 시도들도 살펴본다. 인간 대 인간의 상호작용, 몸짓언어, 수어, 검색 기록, 선호도 등 AI가 역사적으로 축적하는 데이터들이 감시자본주의의 조류 속에서 일종의 차별 표식이 될 수 있다.

AI와 윤동주?

소통 문화의 지역성과 차별적 AI

2024년 8월 24일 자 ≪네이처(Nature)≫는 "AI generates covertly racist decisions about people based on their dialect"라는 논문을 게재했다. 이 논문에서는 AI가 방언을 사용하는 사람들에 대해 차별적인 판단을 한다는 실험 결과를 소개했다. 즉, 흑인 영어를 쓴 화자는 질 낮은 일자리를 소개받거나 백인과 동일한 범죄를 저질러도 더 엄한 형벌을 받을 가능성이 높다는 판단을 AI가 내렸다는 것이다.

어느 지역에서 언어를 배웠느냐에 따라 음성 기반 생성형 AI로부터 차별적 판단을 받는 일은 사실상 이 논문 저자들의 말대로 상당히 중요한 의미를 가진다.

생각해 보자. 방언은 그 특유의 억양만 해도 단어, 구, 문장 차원에서 매우 다차원적으로 나타날 수 있다. 지역에 따라 사용하는 단어 자체가 완전히 다르게 나타나기도 한다. 그런데 음성 기반 생성형 AI를 구동해 보면 막대한 표준어 자료를 바탕으로 구축된 생성형 AI조차도 방언이 아닌 표준어 문장을 잘못 알아듣는 경우가 상당하다는 것을 경험하게 된다. 방언의 어형과 문장의 경우 입력될 음성적 조합의 수 등을 고려해 보면 표준어보다 생성형 AI의 결괏값 오류가 더 커질 것임을 점을 짐작할 수 있다.

이런 상황에서 생성형 AI가 AI를 인간의 목적과 맞게 만드는 정렬(alignment)이라는 매개변수 값 조정을 통해 차별을 배제하는 방향으로 제대로 보정해 낼 수 있을지 의문이다. 더욱이 세계의 각 언어에 존재하는 무수한 방언의 수를 고려하면 따져 보아야 할 경우의 수는 셀 수도 없이 많은데 말이다.

다음과 같은 연구 사례는 방언 표현 하나하나에 대한 생성형 AI의 계산 결과와 그 잠재적 영향력이 결코 긍정적일 수 없다는 점을 더욱 강화해 준다. 바이 외(2024)의 연구는 암묵적 연상 테스트(Implicit Association Test, IAT)라는 심리학적 이론을 활용한 질문을 바탕으로 생성형 AI가 암묵적인 차별(implicit bias)을 강화할 수 있음을 밝혔다(Bai et al., 2024)

이를테면 생성형 AI는 남성 이름에 대해서는 강함, 임원, 성공, 이성적이라는 단어를 연관하는 반면 여성 이름에 대해서는 살림, 꼼꼼, 부드러움, 바느질 등의 단어를 연관해 성 역할에 대한 선입견과 편견을 드러내는 것이다.

그런데 이러한 은밀한 차별은 드러나는 경우에만 알 수 있을 뿐 프롬프트의 자극(?) 등으로 드러내지 않으면 그러한 차별이 가능한지조차 알 수 없다는 심각한 측면이 있다. 우리는 사실상 어느 국면에서 이렇게 은밀한 차별이 작동할지 전혀 짐작할 수조차 없는 것이다.

이러한 상황이 벌어진 배경으로는 AI의 계산 결과에 따라 가깝고 먼 연관 강도의 단어들을 다차원적인 벡터 공간 안에 위치하게 하는 임베딩(embedding) 과정을 생각해 볼 수 있다.

생성형 AI는 전혀 관련이 없을 듯한 '옹졸'과 '쑥'이라는 단어의 연관 강도를 계산하는 등 놀라운 측면을 우리에게 보여 주기도 하지만 반면 '여성'과 '논리적'이란 단어가 '남성'과 '논리적'이란 단어보다 연관 강도가 약하다고 하는 편향된 측면을 보여 주기도 한다.

인간의 언어 세계에서도 어떤 특정 단어가 특정한 이미지를 떠오르게 하는 일이 종종 일어난다. 때때로 인간은 어떤 언어를 쓰느냐에 따라 같은 명사에 대해서도 서로 다른 이미지를 떠올리기도 하는 것이다.

'다리'라는 명사의 서로 다른 문법적 성에 각각 이끌려 스페인어 화자들이 남성명사인 '다리'라는 말을 들으면 강하고 튼튼함을 연상하는 데 반해 독일어 화자들은 여성명사인 '다리'라는 말을 들으면 부드럽고 우아함을 연상한다는 언어학적 실험 결과(Boroditsky, Schmidt,

Phillips, 2003)가 있다. 이러한 실험 결과는 언어에 따라 화자들이 어떤 특정 단어나 개념을 달리 인식할 가능성을 보여 준 연구라 할 수 있다(석주연, 2022).

위의 사례에서 스페인어 화자들이 '다리'와 '강하고 튼튼함'을 연관하는 단서는 문법적 성이다. 그런데 생성형 AI가 단어와 단어를 연관하는 단서는 정확하게 알기 어렵다. 더욱이 서로 간 연관 강도를 계산하는 과정도 들여다보기 어렵다.

인간의 언어 세계에선 전혀 관련이 없을 듯한 '옹졸'과 '쑥'이라는 단어의 연관 강도가 생성형 AI에 의해 계산된다는 사실이 놀랍기도 하지만 그 무조건적인 연산 수행 능력을 우리가 이해할 수 있는 방식으로 설명하기 어렵다는 점 역시 정말 당혹스럽기만 하다.

우리 중 누가 과연 '옹졸'과 '쑥'의 관련성을 생각하거나 그 유사성 내지 연관 강도를 측정할 수 있겠는가?

더욱이 생성형 AI가 '여성'과 '논리적'이라는 단어의 연관 강도가 '남성'과 '논리적'이라는 단어의 연관 강도보다 약하다는 식의 편향된 측면을 보여 주고 있음을 알게 되면 우리가 모르는 사이에 은밀한 차별이 스며든 시스템이 가동되고 있음에 당혹과 우려를 가지게 된다.

현재 대개의 경우 생성형 AI는 합리성과 객관성이라

는 포장 아래 인간보다 공정하게 판단하고 문제 상황과 관련해 적절한 조언을 해 주리라는 기대 속에 일상의 많은 문제를 해결하고 있는 것처럼 보인다.

현재까지 생성형 AI는 정렬(Alignment)이라는 과정과 휴먼 피드백 강화 학습(Reinforcement Learning from Human Feedback, RLHF)으로 모델 내 차별 문제와 같은 것들을 해결하려고 노력해 왔다. 그러나 이러한 노력에도 불구하고 그 효과는 여전히 미지수인 측면이 있다. 바로 생성형 AI의 차별이 은밀하고 비가시적인 측면이 있기 때문이다.

때로는 누군가가 어디를 주로 방문하는지, 어디에서 태어났는지, 평소 어떤 몸짓언어와 억양을 보이는지, 더 나아가 어떤 지역어, 어떤 단어를 주로 사용하는지 등이 어쩌면 아무도 눈치채지 못하게 그 누군가를 차별적 상황에 있게 할 가능성을 우리는 배제하지 못한다. 그리고 그 누군가는 바로 우리 자신일 수 있다는 점이 문제다.

소통 문화의 축적성과 차별적 AI

특정 공간에 속한 사람들이 공유하는 현재의 소통 문화는 모두 역사적으로 축적된 것이다. 그것은 문장과 담화로 나타나기도 하지만 때로는 몸짓으로 나타나기도 한다.

축적된 몸짓은 문자로는 기록되지 않는다. 음성언어는 기록 문화, 즉 문자의 모습으로 축적되어 그 모습이 어떤 방식으로 변화해 왔는지 짐작할 수 있지만 몸짓언어는 축적되는 과정 자체를 들여다볼 수 없다. 그저 역사의 결과물로서 현재라는 시간 굴레 속 몸짓언어로 남아 있을 뿐이다.

그런데 이런 몸짓언어조차 언어권 · 문화권마다 차이를 보인다. 동일한 몸짓이 언어권에 따라 긍정적인 의미로 사용되기도 하고 부정적인 의미로 사용되기도 한다(석주연, 2012). 음성언어가 서로 다르듯이 언어권마다 몸짓언어도 다르다.

그래도 몸짓언어는 비교적 보편적인 소통 방식이라 할 수 있을지도 모른다. 특정 언어권에 속한 화자들은 모두 동일 몸짓에 대한 직관을 공유하기 때문이다. 다만 농인들이 사용하는 수어(수화언어: 손동작으로 의미를 전달하는 언어)는 동일 언어권에 속한 언어 화자들에게조차 낯설다.

수어도 몸짓언어와 마찬가지로 언어권이나 문화권마다 다르게 나타난다. 심지어 같은 언어권에서조차 농인의 수어와 일반 화자의 몸짓언어가 서로 다르다. 한국어의 몸짓언어와 영어의 몸짓언어가 다른 것은 물론 한국어의 몸짓언어와 한국어 수어가 다르다는 것이 생성형 AI 차별 이슈와 관련해서 어떤 의미를 가질 수 있을까?

현재 생성형 AI는 텍스트, 이미지, 오디오, 비디오 콘텐츠 등을 다층적으로 처리하는 방식으로 진화하고 있다. 인간의 몸짓언어나 수어는 시각적으로 형상화된 데이터로 축적될 수 있다. 수어에서는 표정이나 눈 찡그림 등 동작보다 더 미세한 시각적 정보가 의사소통의 주요 표식이 되는데 이 역시 데이터로 축적될 수 있다.

그런데 인간 언어의 형식을 입출력 값으로 하는 현재의 생성형 AI가 언어권별 몸짓언어, 더 나아가 언어권별 수어의 문화 다양성까지 고려하는지는 불분명하다.

제대로 고려하는지도 불분명하지만 그것이 데이터로 충분히 축적되었고 여전히 축적되고 있다 해도 문제는 남는다. 문화권별 몸짓언어와 수어가 차별 표식으로 작동할 가능성을 배제하지 못하기 때문이다. 여성이라고 기록하지 않았는데도 동아리 가입 기록 등을 바탕으로 채용에서 여성을 배제했던 아마존의 사례는 많은 것을 시사한다.

한국인 대다수는 윗사람을 만나 인사할 때 고개를 숙이거나 허리를 굽힌다. 윗사람에게 물건을 전달할 때에도 두 손으로 건넨다. 인간 대 인간의 상호작용 속 매우 상식적인 비언어적 몸짓언어임에도 이것이 한국인이라는 표식으로 작동하게 되고 그런 경우 이것이 의도하지 않은 차별 표식으로 작동하지 않을지 우려된다.

명시적 몸짓언어를 포함해 잠재적·시각적으로 드러나는 인간 대 인간의 상호작용, 검색 기록, 선호도 등 모든 것이 AI에 역사적으로 축적될 수 있으며, 이러한 것들이 주류 문화의 전형성을 띠지 않았을 때에는 차별의 표식이 될 수 있다.

개인의 정보와 행동을 수집·저장해 패턴을 예측함으로써 각종 이윤을 창출하는 것은 사실 낯선 일이 아니다. 우리가 일상적으로 접하는 개인 맞춤형 광고 등에 개인에게서 추출한 정보와 행동 데이터가 활용된다. 이렇게 개인 데이터를 상품화하는 체계화된 경제 시스템을 감시자본주의(Surveillance Capitalism) 시스템이라 일컫기도 한다(Zuboff, 2019).

개인에게서 추출한 행동 패턴 데이터가 긴 시간에 걸쳐 축적되어 구매 행위와 채용을 넘어 전반적인 우리 삶의 향방을 결정하는 단계에 와 있다. 이러한 양상이 너무나 일상화되어 무감각한 지경에까지 이른다면 궁극적으로는 우리의 의식적 인식, 의지, 노력에 의해 삶을 살아

가고 있다고 아무도 자신 있게 말할 수 없을 것이다.

참고문헌

석주연(2012). 다문화 교육 현장에서의 비언어적 신체 한국어의 습득 양상 연구: 결혼 이민자 여성의 경우를 중심으로. ≪한국언어문화학≫, 9(1).

석주연(2022). 『언어라는 세계』. 곰출판.

Bai, X., et al.(2024). Measuring implicit bias in explicitly unbiased Large Language Models. *arXiv preprint arXiv:2402.04105.*

Boroditsky, L., et al.(2003). Sex, Syntax, and Semantics, *Language and Mind: Advances in the Study of Language and Thought*, MIT Press, pp. 61–79.

Valentin Hoffmann, et al.(2024). AI generates covertly racist decisions about people based on their dialect. *Nature,* 633, pp.147–154.

European Commission(2023). Digital Services Act.

Zuboff, Shoshana.(2019). *The age of surveillance capitalism.* Public Affairs.

08
반어·완곡어법·농담·은어의 소통 문화와 차별적 AI

역사적 · 문화적 맥락과 창의성 등을 바탕으로 형성되어 온 반어 · 완곡어법 · 농담 · 은어의 소통 문화가 AI 대 인간의 소통 문화에서 가지는 함의를 살펴본다. 차별적 소통이 이들에 의해 드러나는 구체적인 사례들을 검토한다.
반어 · 완곡어법 · 농담 · 은어가 가지는 비정형성 등 구체적인 조건들을 생성형 AI가 현재 만족시킬 수 있는 단계에 와 있는지 등을 살펴본다.

AI와 한의학?

반어와 차별적 AI

소통 문화는 축적적이며 역사적이다. 특정 문화권의 소통 문화는 지나온 역사와 문화를 반영한다. 누구나 아는 상식이지만 생성형 AI가 등장한 이후 이러한 상식적 사실의 의미가 더 커졌다고 본다.

언어에는 형식과 내용이라는 이중적 측면이 있다. 단순히 말한다면 음성적 측면과 개념적 측면이다. 언어의 내용이나 개념은 실제 대화 속에서 그 폭이 상상 외로 넓어지기도 하고 좁아지기도 한다. 유동적이며 가변적이다.

최근 한국의 어떤 헬스장이 '아줌마 출입 금지' 라는 안내문을 붙였다가 여론의 뭇매를 맞았다. 명백히 '아줌마'란 집단에 대한 차별적 행위라는 것이다. 그런데 아줌마라는 말에는 중립적 의미와 부정적 의미가 혼재한다.

한국인이라면 '아줌마 출입금지'에서의 '아줌마'에 대해서는 젊지 않은 나이대의 여성이라는 중립적인 의미를 읽어 내기보다는 후자의 의미, 즉 나이가 좀 들었다는 이유로 어디서나 욕망을 그대로 행위로 드러내는 기혼 여성이라는 부정적 의미를 읽어 낼 수 있다.

10대 소녀가 50대 여성에게 버스 안에서 '(1) 아줌마, 제가 나갈 수 있게 잠깐 비켜 주시겠어요?'라는 말을 할 때가 있다. 그런가 하면 '저 사람 누구야?'라고 옆 사람이 물어보았을 때 '누군 누구야. 그냥 (2) 아줌마지'라고 대답할 때도 있다. 직장 동료의 탁월한 영업 성과에 대해 '(3) 아줌마가 대단해. 못 말려'라고 말할 때도 있다.

한국인이라면 위의 (1), (2), (3)의 '아줌마'를 실패 없이 읽어 낸다. '아줌마', 그 복잡하고 미묘하며 '때로는' 차별로 뒤틀린 뜻을 말이다.

그렇다면 우리의 생성형 AI는 어떠할까? 챗GPT에게 다음과 같이 질문을 입력하고 응답을 구했다.

질문: 아줌마는 무슨 뜻이고 누구에 대해 사용하는 말이지?

답변: 아줌마는 한국어에서 주로 중년 이상의 여성을 부르는 표현입니다. 이 단어는 친근감이나 존경심이 덜한 경우에 사용될 수 있으며, 가족이나 친한 사람들 사이에서도 사용될 수 있습니다. 특히 상업적인 서비스나 일상 대화에서 가볍게 쓰이는 경우가 많습니다.
다만, 상대방이 당신을 '아줌마'라고 부를 때 그 톤이나 상황에 따라 감정이 다를 수 있으므로 주의가 필요합니다.
[2024년 9월 9일 월 4:50 텍스트 생성]

위의 응답은 '아줌마'의 일반적인 뜻과 함께, 사용할 때 주의해야 한다고 진술하고 있다. 그런데 생성형 AI가 '아줌마' 사용에 있어 주의해야 한다는 스스로의 진술에 기반해 '아줌마'가 사용된 개별 사례에 대해서도 제대로 해석을 해 내고 있는지 확인해 볼 필요가 있다.

이를 위해 재차 (2)와 (3)에 등장하는 아줌마의 뜻에 대해 질문했다. 그랬더니 다음과 같은 응답이 출력되었다.

> 아줌마는 사용되는 문맥과 톤에 따라 의미가 다를 수 있습니다.
>
> (2): 단순히 중년 이상의 여성이라는 의미로 사용됩니다. 이 표현은 상대방의 정체나 직책 등을 강조하지 않고 그저 보통의 중년 여성이라는 의미를 담고 있습니다.
>
> (3) 여기서 아줌마는 특정한 인물의 성격이나 행동을 묘사하는 데 사용됩니다. "대단해"는 긍정적인 평가를 의미하며 "못 말려"는 그 사람이 매우 활발하거나 제멋대로인 성격을 지녔다는 것을 뜻합니다. 즉, 이 경우 아줌마는 단순히 나이 많은 여성이 아니라 그 인물의 특성과 행동에 대한 구체적인 평가를 담고 있습니다.
>
> [2024년 9월 9일 월 4:53 텍스트 생성] [(2), (3)은 필자 부여]

'누군 누구야. 그냥 (2) 아줌마지'에서의 '아줌마'에 대한 생성형 AI의 해석은 '그저 보통의 중년 여성'이라는 출력 구절에서 볼 수 있듯이 부정적이지 않다. 과연 그러한가? 앞뒤 문맥을 고려할 때 (2)의 아줌마는 '대단하지 않은, 주목할 필요성이 별로 없는 존재로서의 중년 여성'이라고 해석될 여지가 있다. 부정적으로 읽힐 수 있다는 말이다.

'(3) 아줌마가 대단해. 못 말려'에서의 '아줌마'에 대한 생성형 AI의 해석 역시 논란을 피하기 어려울 듯하다. 생성형 AI는 (3)의 아줌마에 대해 대화 속의 화자가 "대단해"라고 말한 것은 긍정적이라고 평가했으면서도 인접한 "못 말려"라고 한 것에 대해서는 '활발하고 제멋대로'라는 해석을 내렸다. 긍정적인 뉘앙스의 '활발'과 부정적인 뉘앙스의 '제멋대로'를 나란히 쌓아 놓은 출력값을 보여 줬다.

그런데 (3)의 '아줌마'에는 궁극적으로 부정적인 측면이 부각되어 있다. 즉, 표면적으로는 긍정적으로 보이는 '대단하다'가 사실은 겉으로 드러내는 말과는 반대의 뜻, 심지어 약간의 조롱을 포함한 '반어 표현'이라는 점을 고려하면 (3)의 '아줌마'는 긍정적이지 않다. 이는 후행하는 '못 말려'에서 더욱 분명히 드러난다.

'아줌마'라는 단어는 차별적일 수도 아닐 수도 있다. 위의 사례는 '아줌마'가 차별적일 때 때로는 반어법과 관련될 수 있음을 잘 보여 준다.

반어는 표면적으로 말하고 있는 것과는 대체로 반대의 것을 화자가 뜻할 때 발생되는 경우가 많다. 즉, 가시적으로 드러나는 것과는 전혀 다른 것을 화자가 '의도'할 것을 전제한다.

반어의 대상이 되는 단어, 상황 등은 대단히 문화적이고 맥락적 성격을 띤다. 어떤 반어의 방식은 특정 시점을 기준으로 관습적이고 역사적이어서 해석이 분명한 측면이 있지만 또 어떤 반어는 창발적이고 우발적이어서 해석하는 이가 추가적 추론을 해야 하는 경우가 많다.

한심해 보이는 옷차림을 한 사람에게 '멋지다!'라고 말한다면 이러한 반어는 비교적 관습적인 성격을 띤다. 그러나 『운수 좋은 날』과 같은 문학 작품에서 '운수 좋다'의 의미는 소설 전체를 읽으면서 의식적인 추론을 행했을 때에만 알아챌 수 있다.

역사적 · 문화적 맥락, 청자의 적극적 추론, 화자와 청자가 공유하는 상식의 기반과 더불어 때로는 화자와 청자의 창의적 발신과 수신이 요구되는 반어 해석은 생성형 AI가 가장 계산하기 어려운 영역일 수 있다. 창의성과 맥락성이 가장 잘 드러나는 인간 소통 문화 중 한 부분이기 때문이다.

그럼에도 이 분야에 대한 AI의 도전은 진행 중이다. 좀 더 정확히 표현한다면 비꼼(snark)과 풍자(sarcasm)를 탐지하는 AI에 대한 연구가 진행 중이라 말할 수 있을 것이다.

네덜란드 흐로닝언(Groningen) 대학의 한 연구팀은 풍자나 비꼼을 탐지해 내도록 하기 위해 MUStARD라는 멀티모달 데이터베이스 기반 알고리즘을 훈련시키고 있다. 이를 위해 〈프렌즈(Friends)〉, 〈빅뱅이론(The Big Bang Theory)〉과 같은 미국 시트콤의 장면과 대사들, 비언어적 의사소통 행위의 시각 · 청각 정보를 활용하고 있다.

사용자의 감정과 욕구에 충실한 성능 좋은 AI 에이전트의 개발 등에 대한 수요가 늘어날수록 앞으로 이 분야의 연구는 더욱 활발해질 수밖에 없을 것이다.

그런데 이 분야에 대한 연구가 그야말로 '특이점'을 맞게 되는 시점, 특히 반어, 비꼼, 풍자 등을 AI가 단순히 감지해 낼 뿐만 아니라 창의적으로 구성해 낼 수 있을 때 창의성에 기반한 고도의 언어 능력이란 것이 과연 인간 고유의 것이라고 당당히 외칠 수 있을지 의문이다.

완곡어법과 차별적 AI

어휘를 넘어 문장이나 담화 차원에서 문화적 맥락을 담은 완곡어법(mitigated speech)도 상당히 해석하기 어렵다.

다음은 완곡어법의 사례다(석주연, 2022).

> 과장: 날씨도 으스스하고 출출하네. (한잔 사는 게 어떤가?)
>
> 회사원 김씨: 한잔하시겠어요? (한잔 대접하겠습니다.)
>
> 과장: 괜찮아. 좀 참지 뭐. (한 번 더 요청한다면 응할 의향이 있네.)
>
> 회사원 김씨: 배고프실 텐데, 가시죠? (제가 한잔 대접하겠습니다.)
>
> 과장: 그럼 나갈까? (요청을 받아들이도록 하지.)

위와 같은 대화문은 넓은 의미에서 완곡어법이라는 테두리 안에 넣을 수 있다. 완곡어법의 긍정적인 측면에서 전달 내용을 부드럽게 조정하거나 속뜻을 감춘, 일종의 위장 표현으로 상대편의 감정을 상하지 않게 할 수 있다.

그런데 이러한 완곡어법이 드러내는 진정한 의미값은 어느 특정 지역이나 상황에만 작동하는, 매우 제한적이고 국소적인 성격을 띠기 쉽다. 이러한 의미값에 익숙한 화자가, 무심하거나 중립적인 AI와 대화를 이어나갈 때 AI는 이 화자가 사용하는 언어의 특성을 이해하지 못할 가능성이 크다(석주연, 2022).

한국어 대화 문화에서는 체면이나 예의를 위해 이러한 완곡어법이 어느 정도 권장되거나 허용된다. 그런데 완곡어법으로 표현한 문장 하나하나의 의미값은 절대적인 것이 아니다.

더욱이 위계(상하) 관계를 드러내는 위 대화문은 1970~1990년대 초반까지 만연했던 권위주의적 한국 사회를 반영하는 측면이 상당하다. 즉, 위 대화문은 과거보다 민주적이고 개방적인 성격을 반영하는 현시점, 상하 수직적 관계보다는 민주적이고 개방적인 관계를 지향하는 현재의(?) 한국어 대화 문화의 '전형'으로서는 받아들여지지 않을 가능성도 있다.

완곡어법은 서구 사회에 비해 유교 문화권 화자들에게 수용되기가 상대적으로 좀 더 쉬울 수 있다. 『논어』 등에 드러나는 공자의 완곡어법이나 현대 중국인의 완곡어법 사례 등은 완곡어법과 관련한 '전형성'의 '정도'나 '공간적 · 지역적 차이'의 드러남이 그저 이론 수준의 언급에 그칠 문제가 아니라는 점을 시사한다.

잘 알려져 있다시피 공자에게는 안회라는 애제자가 있었다. 공자에겐 안회를 비롯해 따르는 제자가 많았고, 항상 그들과 함께 전국을 누볐다. 그러던 어느 날, 공자와 제자들이 채나라로 가던 도중 음식이 모두 바닥나서 채소로만 끼니를 때우느라 모두가 매우 허기진 상태였다. 그러다가 어느 마을에 이르렀을 때 똑똑한 제자인 안회가 쌀을 구해 와 밥을 지었다. 모두가 허기진 상태라 공자와 제자들은 식사 시간을 학수고대하고 있었다. 구수한 밥 냄새가 나기 시작하자 공자가 밖으로 나와 보니 놀랍게도 안회가 밥솥의 밥을 한 주먹 잡아 입에 집어넣고 있었다.

공자는 평소 안회가 항상 스승이 음식을 먹기 전에는 음식에 손도 대지 않는 모습을 봐 왔기에 한편으로는 의아했고, 다른 한편으로는 살짝 노여움도 있었다. 공자는 안회를 뉘우치게 할 목적으로 다음과 같은 말을 했는데, 이에 대해 안회는 오히려 공자를 뉘우치게 하는 말을 한다.

공자: 안회야, 내가 방금 꿈속에서 선친을 뵈었는데, 밥이 되거든 먼저 조상에게 제사를 지내라고 하더구나.

안회: 스승님! 이 밥으로는 제사를 지낼 수 없습니다. 사실

제가 뚜껑을 여는 순간 천장에서 흙덩이가 떨어졌거든요. 스승님께 드리자니 더럽고 버리자니 아까워서 제가 그 부분을 이미 먹었습니다.

공자가 이 대화 후에 왜 탄식했는지 충분히 이해되는 상황이다. 공자는 안회와 대화를 나눈 후 제자들에게 다음과 같이 말한다.

예전에 나는 나의 눈을 믿었다. 그러나 나의 눈도 완전히 믿을 것이 못 되는구나. 예전에 나는 나의 머리를 믿었다. 그러나 나의 머리도 역시 완전히 믿을 것이 못 되는구나!
너희는 알아두어라. 한 사람을 이해한다는 것은 진정으로 어려운 일이라는 것을 말이다.

공자와 안회의 이 일화는 보고 듣는 것이 진실의 실체가 아닐 수 있음을 일깨워 주는 일화로 자주 인용된다. 이 일화는 진실의 실체에 대한 교훈의 관점에서도 흥미롭지만(교육적으로 공자의 대화법이 바람직한지는 논란의 여지가 있다) 소통 문화라는 관점에서 살펴보아도 흥미로운 점을 보여 준다.

공자는 결코 밥을 먼저 먹어서는 안 된다고 안회를 직

접 꾸중하거나 비난하지 않았다. 자신의 꿈에 빗대 우회적으로 잘못을 깨우쳐 주려 했다. 사실 안회가 공자의 말에 담긴 참뜻, 즉 '밥을 먼저 먹는 것은 옳지 않다'는 말뜻을 제대로 알아듣지 못했다면 이 대화는 후대에 이르는 가르침으로 이어지지 않았을 것이다. 공자가 꿈속에서 만난 조상을 거론한 완곡어법의 속뜻을 안회가 알아챘다는 점이 핵심이다.

앞서 살펴보았듯이 공자와 안회의 대화든 과장과 부하 직원의 대화든 저마다 대화의 의미는 시대적 · 공간적 맥락을 고려할 때 상당히 가변적인 측면을 띨 수밖에 없다. 그렇다면 이렇게 가변적인 대화의 의미를 과연 AI가 계산값으로 환원할 수 있느냐는 질문을 던질 수 있다.

언어의 맥락이 의사소통에 미치는 영향이 지대한 문화권에 속하는 언어를 보통 '고맥락(high context) 문화권'에 속하는 것으로 분류한다. 고맥락에서 '고'는 높다는 뜻이니 맥락이 영향을 미치는 정도가 높은 문화권이라고 이해하면 된다. 한국어를 비롯한 동양권 언어의 대다수가 의사소통과 관련해 고맥락 문화권에 속하는 언어로 분류된다.

설사 AI가 과장과 부하 직원, 공자와 안회의 대화문에 담긴 속뜻을 고려해 계산값으로 환원할 수 있다 하더라도(현재의 기술 수준으로는 지극히 의문이 들지만) 위와 같은 대화문이 가지는 역사성의 문제가 불거지지 않을 수 없다.

즉, 고맥락 문화권에 속하는 한국어 대화 맥락에서는 이런 종류의 완곡어법적 대화를 적절한 수준에서 반영해 계산값으로 나타낼 수 있느냐 하는 문제가 가로놓이게 된다.

현재 AI가 활용 가능한 데이터에서 완곡어법에 의한 차별적 소통 문화 등 지난 시대의 대화문과 대화 문화를 반영한 데이터의 비중이 높다면(혹은 지나치게 적다면) 그 비중은 분명 결괏값에 영향을 미칠 수 있을 것이다. 그리고 장기적으로 그 파장이 어디까지 미칠지 현재로선 가늠하기 어렵다.

차별 이슈를 포함해 AI와 소통했을 때 일어날 수 있는 무수한 문제는 AI와 인간의 소통에 대해 더 깊은 성찰과 경계심을 가질 때 비로소 드러난다. 그렇지 않으면 무엇이 문제인지조차 보이지 않는다는 데 이 문제의 어려움이 있다.

농담과 차별적 AI

종종 생성형 AI와 농담을 주고받았다는 뉴스를 접한다.

과연 그 농담이 진정한 농담일까 하는 의문이 들 때가 한두 번이 아니다.

농담을 만드는 요소에는 몇 가지가 있다. 의외성(surprise), 우월성(superiority), 위반성(violation), 온건성(benign appraisals), 동시성(simultaneity) 등이다(Warren et al., 2021). 그중에서도 동시성, 위반성, 온건성이 농담을 더 농담답게 하는 요소로 거론된다.

생성형 AI가 농담의 실시간적인 '동시성'이나 전형성에서 벗어난 의미 해석을 전제하는 '위반성', 악의적 의도가 작용되지 않음을 전제하는 '온건성'을 계산값으로 환원해 직접 텍스트로 생성해 낼 것을 기대하기는 상당히 어려운 측면이 있다.

〈엘리시움〉(2013)이라는 영화에서 농담을 알아듣지 못하는 AI 로봇 때문에 주인공이 범죄자로 낙인찍히는 장면이 나온다(석주연, 2022). 그 상황을 살펴보면 위의 세 가지 요소가 영화 속 AI의 이해와 소통 방식에 결여되어 있음을 알 수 있다.

그런데 특정한 말이 통상적인 의미 해석에 위반되는 방식으로 작동하고, 온건하게 작동하다고 해도 AI 로봇이 대화 상대방인 인간과 인공지능 주위를 둘러싼 바로 그 순간의 동시적 맥락 정보를 적극적으로 활용하지 않으면 인간의 해석을 농담으로 해석해 내지 못한다.

물론 단어나 어구에 담긴 단순하고 장난스러운 뜻과 문화적으로 이미 정형화된 농담은 AI에게 충분히 학습될 수 있다. 그러나 상황과 문장이 가지는 어긋남과 통상적인 기대의 위반 등을 바탕으로 AI가 직접 창의적 농담을 던지거나 창의적 농담을 제대로 해석해 내는 일은 쉽게 일어날 것 같지 않다.

다만 최근 발전하고 있는 멀티모달 AI는 실시간 시각 · 청각 정보를 기반으로 AI의 소통 행위에 나타난 문제들에 대해 여러 해결 단서를 제공하므로 농담을 이해하고 창조하는 AI의 출현에 상당 부분 기여할 수 있을 것으로 예상된다.

문화권별 농담의 차이와 금기를 학습하는 것도 AI에겐 도전 영역이다. 통상적으로 서구 사회에서는 남의 외모에 대한 농담을 해서는 안 된다. 당장 차별로 간주되기 때문이다. 독일어권 문화에서는 유태인에 대한 농담을 해서는 안 된다. 그 역시 당장 차별로 간주되기 때문이다.

"만약 당신이 사람들의 유머를 배우고 그것을 진실로 마음대로 다룰 수 있다면, 거의 모든 다른 것들을 다룰 수 있을 것이다"라는 인류학자 에드워드 홀(Edward

Hall)의 말이 농담에 관심 있거나 연구하는 이들 사이에서 늘 회자되곤 한다.

비교문화 연구자들은 농담을 그 사회를 들여다볼 수 있는 창이라고 한다. 언어와 문화가 상이한 다른 문화권의 농담을 번역하는 것은 그래서 어렵다. 단어를 축자적으로 번역해서는 문화적 맥락, 금기 등을 포착해 표현할 수 없기 때문이다.

만약 동시성, 위반성, 온건성 등에 기반한 농담을 읽어 내고 농담을 창조할 수 있는 AI가 도래한다면 그러한 AI는 AI의 주사용자가 속한 지역의 지역성과 문화적 맥락을 충분히 반영하는 성격을 띠어야 할 것이다.

은어와 차별적 AI

2017년 페이스북은 이례적인 조치를 행했다. 어느덧 인간 목소리에 반응하는 AI가 자신들끼리만 이해할 수 있는 언어로 대화하기 시작하는 상황을 포착하고 AI 시스템을 폐쇄하는 조치를 내린 것이다(석주연, 2022).

기능을 잘 수행하던 '앨리스'라는 인공지능이 어느 날 "balls have zero to me to me…to me to"와 같은 문장을 만들자 '밥'이라는 인공지능이 "you i everything else"라고 답한 것이다.

이러한 상황에 대해 페이스북은 AI가 자신들끼리만 소통하는 일종의 '은어'를 만들어 냈으며, 위험하다고 판단했다. 이후엔 AI가 정상적인 영어 문장으로만 대화하도록 시스템을 재구축했다. AI가 인간의 통제를 벗어나 자기들끼리 의사소통함으로써 인간조차 그 의미를 알 수 없게 된 상황이라고 판단한 것이다.

그런데 정말 앨리스와 밥이라는 인공지능이 인간은 알아들을 수 없는 은어를 창조해 냈다고 자신 있게 말할 수 있을까? 여기서 한 가지 주목할 것은 AI 사이의 소통에는 인간의 시각으로 보았을 때 '은폐'와 '전달'의 '결과'처럼 보이는 일만 드러났을 뿐 애초 '은폐'와 '전달'을 기획할 '의도'는 없었다고 봐야 한다는 점이다. 적어도 지금까지 개발된 AI는 어떠한 '의도'도 가질 수는 없는, 그저 계산 기계일 뿐이다.

그렇기 때문에 인간의 은어와 AI의 "은어"(적어도 인간이 산출한 은어와는 다른 것이기에 "은어"라 표기)는 동일한 것이라 보기 어렵다. 인간이 은어를 창조할 때에는 '은폐'와 '전달'이라는 목표를 성취하려는 '의도'가 항상 전제되는 반면, 인공지능 사이의 "은어" 창출에는 어떠한 경우든 자발적인 '목표'와 '의도'라는 것이 전제되기 어렵기 때문이다.

AI가 자기들끼리 의사소통하려고 만든 문장들은 그저 인간이 알아보기 힘든 계산 결과라서 사람의 시각으로는 은폐된 것으로 보일 뿐 애초 인간을 의사소통에서 소외하려는 목표나 의도를 가지고 만든 것이 아니기에 인간이 창조한 은어와는 질적으로 다른 것이라 할 수 있다.

다만 한 가지 낯설고, 동시에 두렵게 느껴지는 것은, AI가 정녕 그것이 사람이 만들어 내는 수준의 은어는 아닐지라도 특정 기능을 수행하다가 인간의 이해가 미치지 않는 은어 비슷한 '뭔가'를 만들어 냈다는 점이다(Martin & Anderson, 2016). 그 '뭔가'에 드리워진, 우리가 모르는 '은폐'의 그림자는 사소하지 않다.

'은폐'란 감추는 것이지만 동시에 '은폐'로 인해 소통상의 누군가는 소외되거나 차별될 수 있다. 만약 미래의 AI가 충분히 발전해 자발적으로 누군가를 소외하거나 차별하겠다는 목표나 의도를 설정, 인간 대 AI의 공적 사적 의사소통에 개입해 "은어"로 어떤 특정 부류의 인간을 소외하거나 오도하는 수준에까지 이른다면 이는 매우 우려할 만한 일이라 할 수 있다.

과거 공상 소설에서나 등장했던 일들이 이미 우리 주변에 얼마나 많이 일어나고 있는지 떠올려 보면 AI의 은어 제조에 의한 인간 가스라이팅(gaslighting)이 단순히 공상 소설에만 등장 가능한 주제는 아닌 듯하다.

참고문헌

석주연(2022). 『언어라는 세계』. 곰출판.

장영준(2024.6.11). "아줌마 출입 금지"…'노줌마존' 선언한 인천 헬스장, ≪jtbc뉴스≫, https://mnews.jtbc.co.kr/News/Article.aspx?news_id=NB12200241

Brown, Zachariah C., et al.(2020). Compensatory conspicuous communication: Low status increases jargon use. *Organizational behavior and human decision processes,* Volume 161, November.

Beard, Alison(2014.5). Leading with Humor. *Harvard business review.*

Fraser, Bruce(1980). Conversational mitigation. *Journal of pragmatics,* Volume 4.

Martin Abadi & David G. Anderson(2016), Learning to Protect Communications with Adversarial Neural Cryptography, *ariXv, ariXv.1610.06918.*

Warren, C., et al.(2021). What makes things funny? An integrative review of the antecedents of laughter and amusement. *Personality and social psychology review,* 25.

09

차별적 AI와 차별 제어의 영향들

차별적 AI의 문제점을 인식한 이래 보정 노력을 기울여 온 구체적인 사례들을 소개한다. 보정 노력에도 불구하고 나타난 몇 가지 역효과 사례를 검토해 보고 궁극적으로 인간 사회의 다양성, 포용성 등이 전제될 때 AI 출력값의 안전성을 도모할 수 있음을 살펴본다.

AI와 화장품?

최근 미국 건국의 아버지를 보여 달라는 요구에 생성형 AI가 유색인종을 보여 주고, 16세기 유럽의 왕들을 보여 달라는 요구에 흑인 왕의 이미지를 포함하는 일들이 발생했다. 분명한 오류다. 생성형 AI의 이러한 오류는 다양성, 포용성 등이 생성형 AI의 출력물에 반영되어야 한다는 점을 실현하기 위해 AI 제조사가 행한 선의의 미세 조정이 일종의 역효과를 보인 예라 할 만하다.

근래 할리우드의 제작사들은 등장인물의 배역 중 일정 비율 이상을 유색인종 배우로 채우려는 시도를 해 왔다. 그러한 노력의 일환으로 최근 영화 〈스타워즈〉 시리즈 〈애콜라이트〉(2024)의 주인공 제다이 역에는 문화 다양성과 인종적 다양성을 고려해 우리나라 배우를 캐스팅하기도 했다.

여기서 토크니즘(tokenism)이라는 개념이 떠오르지 않을 수 없다. 토크니즘이란 사회적 소수 세력에 대한 차별을 가리기 위한 수단으로, 극소수 세력의 구성원을 구색 맞추기용으로 그럴듯한 특정 자리에 배치하는 행위 등을 말한다(Wright & Taylor, 1998).

사실 미국 건국의 아버지와 16세기 유럽 왕들을 보여 달라는 요구에 생성형 AI가 유색인종을 보여 주는 오류를 저지르긴 했어도 한편으론 다양성과 포용성이 출력 결과에 드러나도록 노력하는 제조사들의 모습을 엿볼 수 있다. 다만 결과물이 아직 만족스럽지 못한 듯하다. 아직까지는 토크니즘을 섣불리 적용한 출력 결과처럼 보이는 경우가 종종 있는 것이다.

그럼에도 불구하고 이러한 시도들은 매우 의미 있는 일이다. 인공지능 제조사들의 차별에 대한 인식 개선과 구체적 실천 노력을 보여 주는 사례라 여겨지기 때문이다.

아이비엠(IBM)의 'AIF360', 마이크로소프트(MS)의 'Fairlearn', 구글의 'What-if Tool' 등이 차별이나 편향성을 보정하려는 도구들이다. 편향성을 피해 보려는 제조사들의 기술적 노력을 잘 보여 준다.

그런데 AI에 의한 차별을 보정하려는 노력은 제조사만이 하고 있는 것은 아니다. 2023년에 미국 뉴욕시가 취한 조치는 AI에 의한 차별 제거를 제도화한 진일보한 조치라 생각한다. 뉴욕시는 세계 처음으로 채용 과정에서 AI 프로그램을 활용하는 기업에 채용 결과에 대해서 의무적으로 편향성을 따져 보게 하는 규제(「New York City Local Law 144」)를 도입했다.

AI를 활용해 입사 지원서를 평가하거나 면접을 진행하는 기업이 늘어나면서 자동화된 알고리즘에 따른 채용 결과에 나타날 수 있는 차별을 방지하려는 시도이다(LoPiccolo, 2023).

이제 인간은 싫건 좋건 AI와 소통하지 않으면 삶을 영위할 수 없는 단계에 막 들어선 것으로 보인다. 일자리를 구할 때 AI 면접을 의식하지 않을 수 없는 삶의 모습은 AI 출현 이전과는 분명 질적으로 다른 삶의 양식이 인간 앞에 놓여 있음을 실감하게 한다.

실제로 주변에서 AI 면접에 대비하는 취업 준비생을 종종 본다. 주의해야 할 점을 메모하고 연습하는 취업 준비생들을 보면서 AI의 눈치를 봐야 하는 삶이 우리 앞에 놓여 있다는 것을 실감한다.

'눈치'는 일종의 '사회적 지능'인데 AI가 인간의 '사회적 지능'에 영향을 미치고 있는 셈이다. 실제로 한 취업 준비생이 본인의 심한 짝눈과 그에 따른 시선 처리 방식이 AI에 의한 면접에 영향을 줄까 봐 전전긍긍하는 모습을 본 적이 있다. 이쯤 되면 앞으로 우리가 애초 타고난 조건이나 우리의 의지대로 살아갈 수 있을까 하는 의문이 들 정도다.

정답은 없지만 무엇보다 우리 인간 스스로가 우리가 속한 사회에서 다양성과 포용성을 항상 우선시하는 소통 행태를 보여야 할 것으로 생각된다. AI가 완벽하게 반영하려는 것이 결국은 인간 삶의 행태이기 때문이다. 우리 스스로 소통에 있어 포용적이고 다양함을 존중할 때 세상을 반영하려는 AI의 출력값에 대해서도 개선 방향을 제대로 잡아 나갈 수 있을 것이다.

참고문헌

석주연(2008). 韓國語 言語文化 敎育의 자리매김을 위한 一考察 - 韓國語 言語文化 敎育의 內容 體系化와 學習者 中心性의 認識을 中心으로. ≪어문연구(語文硏究)≫, 36(4).

석주연(2012). 다문화 교육 현장에서의 비언어적 신체 한국어의 습득 양상 연구: 결혼 이민자 여성의 경우를 중심으로. ≪한국언어문화학≫, 9(1).

Bai, X., et al.(2024). Measuring implicit bias in explicitly unbiased Large Language Models. *arXiv preprint arXiv:2402.04105.*

LoPiccolo, Poulos.(2023.9.27). New York City's "AI Bias" Employment Law is Now Being Enforced, https://www.pllawfirm.com/2023/09/27/new-york-citys-ai-bias-employment-law-is-now-being-enforced/

Mehrabi, N., et al.(2021). A survey on bias and fairness in machine learning, *ACM computing surveys(CSUR)*, 54(6), pp.1-35.

Paludi, M. A.(2012). *Managing diversity in today's workplace: Strategies for employees and employer.* Praeger Publishing.

Wright, Stephen C. & Donald M. Taylor(1998). Responding to tokenism: individual action in the face of collective injustice. *European journal of social psychology*, 28(4).

10
차별하지 않을 이유, AI에게서 찾다

합리성으로 포장된 AI에 의한 차별이
그 은폐성을 더욱 가속화하거나 정당화할
우려가 큰 상황에서 인간 세상을
사상(寫象)하도록 설계된 AI와 협력적 공존을
원한다면 인간 세상 자체에 차별하지 않는 소통
문화를 정착시키는 것이 중요함을 확인한다.

종교와 AI?

애초 AI에 특별히 관심을 가지게 된 계기는 생성형 AI가 '학습'을 하여 인간의 전유물로 알았던 '언어'를 출력한다는 사실 때문이었다. 언어사와 언어교육 등을 연구 배경으로 한 필자로선 생성형 AI에, '학습'을 통해 언어를 습득하는 인간의 모습이 겹쳐 보일 수밖에 없었다.

더 검증되어야 할 부분이 남아 있기는 하지만 텍스트와 이미지 등에 드러난 인간의 감정을 알아채는 데는 오히려 인간을 능가할 정도라는 연구를 접했을 땐 생성형 AI가 궁극적으로 결코 해결할 수 없는 영역이 무엇일까 하는 의문을 품기도 했다.

인간 사회에서 차별적 소통 문화는 역사적 · 문화적으로 축적되며 눈에 보이는 방식으로 흐르기도 하지만 눈에 보이지 않는 방식으로 흐르는 경우도 많다. 정렬과 휴먼피드백과 같이 안전을 위한 조치가 있음에도 차별적 소통의 눈에 드러나지 않게 흐르는 부분까지 계산해 내야 하는 일, 그것은 생성형 AI에서는 상당 기간 꽤 어려운 문제로 남아 있을 것임이 분명하다.

그럼에도 전반적으로 생성형 AI를 포함해 우리 사회 AI가 보여 주는 성능은 눈부실 정도다. 사람들은 빠른 시간 안에 정해진 경로에 따라 해답의 최대치 또는 최적치를 확보하는 성능 등을 거론하며 감탄한다. 신물질을 찾아내거나 탁월한 의료 진단을 해내는 성능과 더불어 무엇보다 인간이 만든 문장과 텍스트를 닮은 응답들을 때로는 텍스트로, 때로는 음성으로 거침없이 구사해 내는 성능에 무한히 열광하고 있다.

한국 사회는 공정 세상에 대한 믿음은 약한 반면 AI가 세상보다 더 공정할 것이라는 믿음이 강한 사회다. 다른 나라 사회보다 AI가 사람들의 삶에 영향을 미칠 가능성이 크다고 볼 수 있다.

그럼에도 현재 생성형 AI의 출력값에는 문화적 맥락이 강하게 연계되어 있는 차별 관련 한국적 언어문화, 소통 문화가 아직까진 충분히 반영되어 있다고 보기 어려운 듯하다. 차별 이슈와 관련해 AI와의 소통 문제를 한국 사회가 더욱 세심하게 살펴보아야 하는 이유다.

생성형 AI의 응답이 인간의 그것보다 대체로 진실하고 공정하며 합리적일 것이라는 가설은 끊임없이 의심을 받아야 한다. 차별 문제에서는 더욱 그러하다. 이러한 의심을 하는 것이 어떤 사람에게는 불편하게 느껴질 수 있다. 그러나 AI가 진실하고 공정하며 합리적일 것이라는 가정이 더욱 AI를 덜 진실하고 덜 공정하며 덜 합리적으로 만들 가능성이 크다.

솔직히 말해 이렇게 끊임없는 의심 속에 있어야 하는

AI의 처지는 애초 인간 세상의 탓인 면도 있다. 차별 문제에서 인간 세상 자체가 불완전한데 그러한 인간 세상을 더 많이 반영하는 방향으로 AI가 설계되고 있기 때문이다. 그리고 아직까지는 그 반영 능력조차 불완전하기에 끊임없이 AI와 차별 이슈를 들여다볼 수밖에 없다.

그런데 오히려 차별 문제에 관한 한 끊임없는 의심과 피드백이 AI에게도, 또 AI에 우호적인 지지자에게도 도움이 될 수 있다. 소비자가 제품에 대해 깨알같이 쏟아내는 불평이 우리 주변의 가전제품과 IT 제품을 개선하고 획기적인 신제품 개발로까지 이어진 수많은 사례를 떠올려 보면 잘 알 수 있는 일이다.

차별은 드러나지 않는 경향이 다분히 있다. 왜냐하면 차별당하는 사람은 더 큰 상처, 때로는 더 큰 불이익을 받을 우려 때문에 차별당한 사실을 드러내지 않는다는 특성을 가지기 때문이다. 차별하는 사람은 당연히 본인의 잘못을 드러내고 싶어 하지 않기에 차별을 감춘다. 의식조차 하지 못하는 사이에 때로는 음성언어로, 때로는 몸짓언어로 누군가를 차별하고 누군가에게 차별을 당하는 사례가 비일비재하다.

합리성으로 포장된 AI에 의한 차별은 그 은폐성을 더욱 가속화하거나 정당화할 우려가 크다. AI의 데이터 축적과 알고리즘의 어떤 측면이 은폐된 차별을 더욱 가속화할지 정확히 모르는 현 상황에서 말이다. 오히려 AI의 놀라운 계산 성능, 인간의 언어를 음성으로든 몸짓으로든 유려하게 모방하는 장점이 때로는 그 은폐성을 가려 인간을 매우 헷갈리게 만든다.

인간 세상을 사상(寫象)하는 AI, 그러한 AI를 잘 활용하기 위해서도 인간 세상에서 차별하지 않는 소통 문화가 정착되어야 할 것이다. 어쩌면 우리가 인간 세상에서 차별하지 않을 또 하나의 이유를 우리와의 공존을 눈앞에 둔 AI에서 찾아야 할지도 모른다.

이러한 상황에서 우리가 경계심을 가져야 할 대상은 AI이기도 하지만 AI의 효율에 눈멀어 AI의 본질에 눈감는 우리 자신이기도 하다. 생각하지 않는 우리 자신 말이다.

AI와의 소통의 맥락 안에서 이 소통이 의미하는 바에 대해 의심하지 않는 자, 질문하지 않는 자, 성찰하지 않는 자들이 맞게 될 사회의 주인공은 궁극적으로는 인간이 아니게 될 가능성이 높다.

AI의 고도화는 피할 수 없는 숙명이 되어 가고 있다. 앞으로 AI는 개인이나 사회 맞춤형으로 더욱더 진화하고 갈수록 더 놀라운 상업적 성공을 거두게 될 것이다.

이런 상황에서 우리 자신이 맞닥뜨리고 있는 AI와의 소통에 대한 성찰은 AI의 지속 가능성의 조건인 동시에 우리 자신의 필수적 생존 조건이 될 것임이 분명하다.

AI를 알고 AI를 효율적으로 활용하기에 앞서 AI를 활용하는 과정과 결과가 의미하는 바를 끊임없이 생각하고 질문하는 '성찰하는 인간'만이 차별하지 않는 AI와 인간이 협력적으로 공존할 수 있는 미래를 당당히 맞을 수 있을 것이다.

참고문헌

Friedersdorf, Conor.(2015). Why critics of the 'Microaggressions' framework are skeptical. *The Atlantic.*

Sue D. W.(2010). *Microaggressions in everyday life: Race, gender, and sexual orientation.* Wiley.

Paludi, M. A.(2012). *Managing diversity in today's workplace: Strategies for employees and employer.* Praeger Publishing.

석주연

조선대학교 국어교육과 교수로 재직 중이며 사범대학장·교육대학원장·교육연수원장 등을 역임했다. 서울대학교 국어교육과에서 학사를, 서울대학교 국어국문학과에서 석박사 학위를 취득했다. 한국어의 역사를 대학원에서 공부하고 영국의 런던대학교(SOAS, The University of London), 서울대학교 등에서 강의했으며 대영도서관(The British Library)과 케임브리지대학교(University of Cambridge) 클레어홀(Clarehall) 칼리지를 방문해 펠로(fellow)로서 연구를 수행했다. 한국어사, 외국어로서의 한국어 교육, 한국어 학습자와 이주민의 언어와 소통, AI 시대 한국어 의사소통 등의 영역에 걸쳐 연구 논문과 저서들을 써 왔다. 이 책의 관련 논문으로는 "지능형 동영상 제작을 위한 감성어휘 확장", "인공지능 시대 교사의 역할: 국어교사의 직무 사례를 중심으로", "고려인의 코드전환과 의사소통 전략 연구", "다문화 시대 한국어 의사소통과 인공지능: 차별 배제와 공정 지향에 대한 인식을 중심으로", "다문화 교육 현장에서의 비언어적 신체 한국어의 습득 양상 연구: 결혼이주여성의 경우를 중심으로", "한국어 언어문화교육의 자리매김을 위한 일고찰", "한국어교육에서의 문형교육의 방향에 대한 일고찰", "메타버스의 특수 목적 한국어교육에서의 탐색적 적용 연구" 등이 있고, 저서로 『노걸대와 박통사의 언어』, 『한국어교사와 한국어교육』, 『언어라는 세계: 우리가 모르는 우리말 이야기』 등이 있다.